connaissance
D'UNE ŒUVRE

Alfred Jarry

UBU ROI

Aurélie GENDRAT
ÉLÈVE DE L'ÉCOLE NORMALE SUPÉRIEURE

Bréal éditions
1, rue de Rome - 93561 Rosny Cedex

Dépôt légal : juillet 1999.
ISBN 2 84291 581 X

AVANT-PROPOS

Tout le monde connaît Ubu, personnage devenu proverbial, qui a donné naissance à l'adjectif « ubuesque », entré dans le langage courant. La pièce, très fréquemment représentée, se lit en apparence avec facilité : passée une impression d'étrangeté déconcertante, on ne peut que se délecter de cette énorme farce qui malmène la langue, multiplie les plaisanteries épaisses et procure la joie d'un défoulement jubilatoire. Mais, au-delà de la célébrité, du succès et du plaisir immédiat, le texte d'*Ubu roi* s'avère d'une redoutable complexité malgré son « évidence » et l'on a tôt fait de s'égarer, de se méprendre sur le sens de cette blague de lycéens.

La pièce remet en cause bien des certitudes littéraires : qu'est-ce qu'un auteur, si l'on songe que le nom de Jarry reste indissociablement lié à une œuvre qu'il n'a pas écrite ? Quelle frontière peut-on établir entre le théâtre « pour enfants » et le théâtre « pour adultes » ? Doit-on prendre *Ubu roi* « au sérieux » ou considérer la pièce comme une vaste mystification ?

L'intérêt de cette œuvre vient aussi de ce qu'elle invite à se pencher sur la culture de la Belle Époque : pour comprendre pourquoi *Ubu roi* occupe une place fondamentale dans l'histoire du théâtre, il convient de savoir à qui la pièce s'adresse et contre qui elle impose sa charge révolutionnaire. Jarry fait voler en éclats les conventions dramaturgiques ; sa provocation marquera profondément tout le théâtre du XXe siècle.

Nous avons laissé éclater aussi souvent que possible la voix tonitruante du Père Ubu. Les citations se rapportent à l'édition de la collection Folio classique, n° 980 (1997).

L'auteur

SOMMAIRE

I

REPÈRES

1 - LE CONTEXTE HISTORIQUE

■ L'affirmation de la IIIe République

La République, née le 4 septembre 1870 à la suite de la chute de l'Empire après les premiers échecs français dans la guerre contre la Prusse, devient après plusieurs années d'incertitude le régime légal. Alfred Jarry a vécu au moment où la IIIe République se met véritablement en place.

La République de Jules Ferry (1879-1885)

De sa nomination en 1879 au ministère de l'Instruction publique à la chute de son second cabinet en 1885 (à la suite d'un désastre colonial), Jules Ferry a apporté au régime une grande stabilité : il a été cinq ans ministre de l'Instruction publique et deux fois président du Conseil, à un moment où l'opposition, à droite comme à l'extrême-gauche, était faible.

Jules Ferry, avec les républicains de gouvernement, entend établir la République démocratique et laïque, instaurer l'État libéral et développer la politique coloniale. Les républicains de gouvernement sont aussi appelés « opportunistes », car ils cherchent à tirer profit pleinement de leur accès au pouvoir pour consolider un régime encore fragile. Ils sont unis pour favoriser les libertés démocratiques (parmi les principales mesures, signalons la mise en place d'un régime libéral en matière de presse, ce qui conduit à un formidable essor de la presse d'opinion, et le droit de tenir des réunions publiques sans autorisation) et fonder la laïcité de l'État et de l'école.

C'est dans le domaine de la laïcité et des réformes scolaires que Jules Ferry s'est le plus distingué. De la fin de l'Empire aux années 1880, se développe un fort courant anticlérical et, dans le droit fil de l'esprit de la Révolution française, les républicains prennent une série de mesures pour ôter au clergé son autorité politique et son influence dans la société. La mise en place de l'école laïque correspond aussi à un désir de renforcer le sentiment de l'unité nationale. Les trois valeurs fondamentales de l'école primaire publique sont l'obligation, la gratuité et la laïcité. L'innovation la plus remarquable dans l'enseignement secondaire est sans aucun doute la création de lycées et collèges de jeunes filles.

Durant toute cette période, l'économie et la société sont assez stables. On observe une relative stagnation démographique, tandis que se poursuit l'exode rural. La croissance est lente. La France est toujours largement rurale, mais la bourgeoisie continue de s'affirmer, tandis qu'émerge progressivement la classe ouvrière.

Des années de crise (1885-1889)

Après la chute de Jules Ferry, en 1885, s'ouvre une nouvelle période marquée par l'instabilité ministérielle et la montée des oppositions (nationalisme et socialisme). La République libérale et parlementaire déçoit les masses à un moment où ressurgissent les difficultés économiques et sociales. C'est dans ce cadre que s'inscrit la « crise boulangiste ». Le général Georges Boulanger, commandant des troupes en Tunisie, est nommé ministre de la Guerre, et ses initiatives, dans un contexte d'antiparlementarisme et de montée du nationalisme, jouissent des faveurs de l'opinion. Il développera notamment le thème de la Revanche, la reprise à l'Allemagne de l'Alsace et de la Lorraine. Ce mouvement d'enthousiasme populaire relayé par la presse se solde par un échec en 1889 : Boulanger n'ose pas tenter un coup de force pour prendre le pouvoir, et le mouvement périclite. Mais cette crise apparaît comme l'expression de la déception populaire vis-à-vis de la République.

La République modérée et l'affaire Dreyfus

La période qui suit le boulangisme est marquée par le ralliement de la majorité des catholiques à la République, et par l'affaire Dreyfus. Pour comprendre cet épisode crucial de l'histoire politique française, il faut remonter à l'arrestation en septembre 1894 du capitaine israélite Dreyfus, accusé de trahison. Bien que les preuves soient très faibles (le document qui met en cause Dreyfus est selon toute vraisemblance un faux), Dreyfus, qui a toujours nié, est condamné à la déportation. La famille de Dreyfus multiplie les démarches, recueille des preuves de son innocence et parvient à alerter l'opinion publique, qui se divise bientôt en « dreyfusards » et « antidreyfusards ». Le 13 janvier 1898, Émile Zola prend fait et cause pour Dreyfus dans son article « J'accuse » paru dans *L'Aurore*, le journal dirigé par Clemenceau. La campagne en faveur de Dreyfus aboutit à la cassation du procès (la réhabilitation de Dreyfus n'est acquise qu'en 1906). L'affaire a mis en jeu de nombreux éléments de la vie politique française, notamment le militarisme et l'antisémitisme.

La Belle Époque

Jarry a vécu les dernières années de sa vie durant ce qu'il est convenu d'appeler la Belle Époque, une période que certains historiens font débuter en 1896, date de la reprise économique, et d'autres après l'affaire Dreyfus. Tous s'accordent en revanche à dire que la Belle Époque s'achève en 1914, au moment où commence la Grande Guerre. L'expression « Belle Époque » est née rétrospectivement, après la Première Guerre mondiale, pour désigner les années qui avaient précédé le conflit et apparaissaient aux Français comme un âge d'or perdu.

Certains aspects du début du XXe siècle justifient cette impression : la France traverse une période de grande stabilité institutionnelle, puisque la IIIe République est désormais solidement installée et fait l'objet d'un large consensus. La situation économique française est satisfaisante, tout comme les relations internationales qui semblent pour un temps pacifiées. On associe également au souvenir de la Belle Époque le succès des divertissements (théâtre de boulevard, vaudeville, opérette, etc.) et les progrès technologiques (développement des chemins de fer, invention de la voiture à essence en 1885, débuts du cinéma en 1895 et expérimentation de l'avion par Ader en 1897), dont l'Exposition universelle de 1900 à Paris est le symbole le plus remarquable.

■ La vie culturelle au temps de Jarry

Dans le domaine pictural, la fin du XIXe siècle reste encore marquée par la bataille impressionniste. Bien que la première exposition du groupe impressionniste remonte à 1874, le scandale ne s'est pas totalement apaisé, et en 1890, l'État refuse le don de l'*Olympia* de Manet au Louvre. Un climat de méfiance entoure des artistes comme Pissarro et Sisley, tandis que Cézanne demeure incompris.

Le goût littéraire est quant à lui encore dominé par le réalisme et le naturalisme. La publication des *Rougon-Macquart, Histoire naturelle et sociale d'une famille sous le Second Empire*, l'immense fresque d'Émile Zola, s'étend de 1871 à 1893. Dans le domaine poétique, ce sont les Parnassiens qui connaissent le plus de succès : des artistes comme Leconte de Lisle, Sully Prudhomme et François Coppée apparaissent à plus d'un titre comme les poètes officiels de la République, à l'instar de Victor Hugo (mort en 1882).

Toutefois, aux alentours de 1885, on observe un changement du goût et du climat culturels. C'est le début de la « névrose fin de siècle », cet esprit particulier marqué du sceau de l'inquiétude et de la crise des valeurs jusque-là dominantes. Le positivisme (foi en la science, le progrès, la méthode expérimentale) est ébranlé. La littérature russe commence à être introduite en France (Tolstoï, Dostoïevski). La philosophie d'Henri Bergson, qui d'ailleurs a été le professeur de Jarry au lycée Henri-IV, amorce le retour au spiritualisme. Les deux grandes figures du positivisme, Taine et Renan, meurent respectivement en 1892 et 1893. Les Français, au tournant du XXe siècle, se passionnent pour l'occultisme et l'hypnotisme, découvrent le bouddhisme. Ce sont aussi les débuts des recherches sur l'inconscient; Freud commence à être traduit en français.

C'est dans ce contexte de mutation du goût que s'inscrivent le « symbolisme » et le « décadentisme », les deux courants qui dominent la vie littéraire et artistique entre les deux siècles. En 1884 paraît *À rebours*, le roman de Joris-Karl Huysmans (1848-1907), qui fonde le mouvement décadent. Le manifeste symboliste de Jean Moréas, en 1886, révèle à un public jusqu'alors indifférent Verlaine, Rimbaud et Mallarmé. Des revues comme *La Revue blanche* ou le *Mercure de France*, auxquelles Jarry collaborera activement, diffusent cet esprit nouveau. En 1893, le directeur de théâtre Lugné-Poe monte la pièce symboliste *Pelléas et Mélisande* de Maeterlinck. Décadentisme et symbolisme sont deux tendances qui illustrent un changement de la sensibilité esthétique, désormais libérée du poids du réalisme, tournée vers les manifestations les plus secrètes de la vie de l'esprit, fascinée par le jeu des « correspondances » (l'expression remonte à Baudelaire) entre le monde sensible et le monde des idées.

C'est donc dans un cadre particulièrement riche et complexe, tant sur le plan politique que culturel, que s'inscrivent la vie et l'œuvre de Jarry, véritablement à la jonction de deux époques, entre la fin des valeurs dominantes du XIXe siècle et la prise de conscience d'une modernité fascinante et inquiétante à la fois.

2 - BIOGRAPHIE D'ALFRED JARRY (1873-1907)

■ L'enfance bretonne (1873-1888)

Alfred Jarry, fils d'Anselme Jarry, représentant de commerce, et de Caroline Quernest, bretonne, naît à Laval, dans le département de la Mayenne, le 8 septembre 1873. Il a une sœur de huit ans son aînée,

Caroline-Marie, que l'on appelle Charlotte. Les époux Jarry vivent plus ou moins séparés. Jarry confiera à son amie Rachilde, épouse d'Alfred Vallette, directeur du *Mercure de France* et son premier éditeur, ses doutes sur ses origines : « Notre père était un bougre dénué d'importance, ce qu'on appelle un bien brave homme. Il a fait certainement notre sœur aînée, une fille 1830 aimant à se mettre des rubans dans les cheveux, mais il ne doit pas être pour grand-chose dans la confection de notre précieuse personne. »

Quand Jarry a six ans, en 1879, sa mère part s'installer avec ses deux enfants dans les Côtes-du-Nord, à Saint-Brieuc. Jarry entre au lycée de Saint-Brieuc, où il poursuivra toute sa scolarité, jusqu'à la fin de sa seconde. Il est très bon élève, remporte régulièrement les premiers prix, notamment dans les disciplines littéraires. Dès l'âge de treize ans, il commence à composer ses premiers vers, essentiellement des pièces burlesques de circonstance, destinées à ses camarades de lycée. C'est ainsi que se met déjà en place la composante potachique (voir « Lexique », p. 122) de l'œuvre future de Jarry. Mais à cette époque, le jeune Alfred écrit également des poèmes lyriques inspirés de Victor Hugo ou de Théophile Gautier.

■ Le lycée de Rennes (1888-1891)

En 1888, Jarry entre en classe de rhétorique au lycée de Rennes, où il continuera d'obtenir d'excellents résultats scolaires. Madame Jarry et sa fille accompagnent Alfred à Rennes et s'y installent. En classe de première, Jarry a pour professeur de physique Félix Hébert, un normalien de cinquante-six ans, qui a déjà été chahuté par des générations de lycéens. Les potaches du lycée de Rennes ont créé autour de ce professeur, surnommé Père Hébert, Père Heb, P. H., Eb,

Ébé, Ébon, Ébance ou Ébouille, une véritable « geste » (un ensemble de textes racontant les hauts faits de ce personnage devenu légendaire). Au moment où Jarry entre au lycée de Rennes, Félix Hébert est déjà le héros de plusieurs œuvres collectives, *Les Andouilles du P. H.* et *Les Polonais* (pièce composée vers 1885 et qui, modifiée par les élèves de la promotion de Jarry, formera le noyau d'*Ubu roi*). Il faut citer, parmi les camarades de Jarry au lycée de Rennes, les frères Morin, chez qui se jouaient les pièces de la geste potachique : c'est ainsi que la pièce intitulée *Les Polonais* a été représentée par les marionnettes du « théâtre des Phynances », d'abord chez les frères Morin, puis chez Jarry, pendant l'hiver 1888-1889. Charlotte, la sœur de Jarry, a façonné en terre glaise la marionnette du père Ébé. Le séjour rennais est fondamental dans la formation de Jarry; c'est également à cette époque qu'il invente la pataphysique (voir « Annexes », p. 119).

En juillet 1890, Jarry passe, avec la mention Bien, la deuxième partie du baccalauréat. L'année suivante, il prépare le concours d'entrée à l'École normale supérieure.

■ Les études et la formation littéraire à Paris (1891-1896)

En juin 1891, Jarry s'installe avec sa mère à Paris, rue Cujas, et passe sans succès le concours de l'École normale supérieure. En octobre, il entre au lycée Henri-IV pour la préparation au même concours. En 1892, Jarry et sa mère déménagent et s'installent boulevard Port-Royal. Jarry se lie d'amitié avec Léon-Paul Fargue (1876-1947), de deux ans son cadet, qui deviendra poète (il est notamment l'auteur du *Piéton de Paris*). Cette amitié, teintée d'homosexualité, sera toujours houleuse. En juin de la même année, Jarry échoue de nouveau au concours de l'E.N.S. Malgré une seconde inscription à Henri-IV, Jarry délaisse peu à peu ses études pour se consacrer à son activité littéraire.

En mars 1893, un poème du jeune Jarry, « La régularité de la châsse », primé à un concours mensuel de poésie, est publié dans le supplément littéraire de *L'Écho de Paris.* Jarry sera ainsi plusieurs fois récompensé et publié, notamment en avril, pour « Guignol », qui met en scène le père Ébé devenu père Ubu. En mai 1893, la mère de Jarry meurt.

En 1894, Jarry commence à fréquenter des salons littéraires : il assiste aux « Mardis » de Mallarmé et est introduit dans le salon du *Mercure de France*, où il fait la connaissance de Rachilde, Vallette et Rémy de Gourmont, trois figures du monde littéraire parisien qui auront une influence notable dans sa carrière.

En juillet de la même année, le drame *Haldernablou*, qui porte la trace de son amitié tumultueuse avec Léon-Paul Fargue, est publié dans le *Mercure de France*, et en octobre, les éditions du Mercure de France publient les *Minutes de sable mémorial.* Le même mois, paraît le premier numéro de *L'Ymagier*, une luxueuse revue artistique réalisée par Gourmont et Jarry.

L'essentiel de l'année 1895 sera consacré au service militaire, que Jarry effectue à Laval, avant d'être réformé pour raisons de santé en décembre. En août 1895, Anselme Jarry meurt, laissant à son fils un maigre héritage vite dépensé. En novembre, *César-Antechrist* est publié au Mercure de France.

■ 1896 : l'année d'*Ubu roi*

En mars 1896, après une brouille avec Gourmont, Jarry fonde *Perhyndérion*, revue rivale de *L'Ymagier*. Il n'y aura que deux numéros.

Mais 1896 est avant tout l'année d'*Ubu roi*. Le 11 juin, *Ubu roi*, paru peu avant en revue (deux fascicules du *Livre d'art*, la revue de Paul Fort), sort en volume aux éditions du Mercure de France. Jarry devient secrétaire d'Aurélien Lugné-Poe, directeur du Théâtre de l'Œuvre, à qui il propose de monter *Ubu roi*, ou *Ubu cocu* (sous le titre *Les Polyèdres*). Jarry ne cessera de multiplier les lettres et les démarches pour convaincre Lugné-Poe, qui raconte dans ses *Souvenirs* comment Jarry a « fait avancer le pion Ubu ». En septembre, Jarry publie dans le *Mercure de France* un article intitulé « De l'inutilité du théâtre au théâtre », et le 1er décembre, *Les Paralipomènes d'Ubu* dans *La Revue blanche*. On peut donc légitimement considérer que le scandale suscité par la première représentation d'*Ubu roi*, le 9 décembre 1896, au Théâtre de l'Œuvre, a été préparé à l'avance, recherché et orchestré par Jarry.

■ L'« après-Ubu » et les dernières années (1897-1907)

Après l'année charnière de la création d'*Ubu roi*, Jarry poursuit une œuvre littéraire très personnelle qui ne suffit pas à lui assurer des revenus décents. Sa vie sera désormais marquée par la misère, l'alcoolisme et l'absence de véritable succès.

Le 18 mai, le roman *Les Jours et les nuits, roman d'un déserteur* paraît au Mercure de France.

À l'automne, Jarry, expulsé de son logement de Port-Royal, est hébergé par le Douanier Rousseau

(1844-1910), peintre au dessin naïf, dont les tableaux composent un univers onirique et symbolique, que Jarry sera parmi les premiers à célébrer. Puis il s'installe rue Cassette.

Le 24 décembre, est inauguré chez le musicien Claude Terrasse le Théâtre des Pantins, dont Jarry s'occupera activement.

En 1898, avec des membres du Mercure de France, Jarry loue une villa à Corbeil, où il rédigera une grande partie des *Gestes et opinions du Docteur Faustroll, pataphysicien*, dont des extraits importants paraissent dans le *Mercure de France* en mai. *L'Amour en visites* paraît chez Pierre Fort, toujours en mai, et en décembre, pour prolonger le succès d'*Ubu roi*, Jarry publie un *Almanach du Père Ubu* pour 1899.

En mai 1899, Jarry fait tirer à ses frais une cinquantaine d'exemplaires de *L'Amour absolu*. Jusqu'en 1904, l'activité littéraire permet encore à Jarry de vivre presque décemment : en septembre 1899, il termine *Ubu enchaîné* (publié en 1900 par les éditions de la Revue blanche), mais la pièce n'est pas montée, tandis qu'en novembre 1901, le théâtre de marionnettes du cabaret des Quat'z'Arts, dit « Théâtre des gueules de bois », à Montmartre, joue une version réduite d'*Ubu roi*, qui paraîtra en 1906 dans la collection du « Théâtre mirlitonesque » sous le titre *Ubu sur la butte*. De juillet à septembre 1900, *La Revue blanche* publie *Messaline* (qui paraît en volume en 1901), roman situé dans l'ancienne Rome, et qui porte l'influence du romancier Pierre Louÿs. En 1902 est publié *Le Surmâle*, une œuvre très personnelle qui reprend les thématiques de la modernité, des rapports de l'homme et de la machine, et qui peut faire songer par certains aspects à *L'Ève future* de Villiers de l'Isle-Adam.

L'activité de journaliste de Jarry n'est pas négligeable : il collabore régulièrement à diverses revues, surtout à *La Revue blanche* et à *La Plume*, et ses articles seront réunis dans le recueil *La Chandelle verte, Lumières sur les choses de ce temps.* Parallèlement, jusqu'en 1906, Jarry compose une douzaine d'opéras-bouffes et d'opérettes, dans l'idée de faire carrière avec son « théâtre mirlitonesque ».

Mais les années 1904-1907 voient se dégrader profondément les conditions de vie de Jarry, qui sombre progressivement. On retiendra tout de même qu'à la fin de l'année 1905, Jarry accepte de travailler avec le docteur Saltas à la traduction de *La Papesse Jeanne*, roman picaresque et anticlérical du grec Emmanuel Rhoïdès. En mai 1906, Jarry, malade, se retire à Laval, où il va désormais vivre souvent avec sa sœur, qui l'aidera à composer *La Dragonne* (paru posthume en 1943), roman qui témoigne du souci généalogique de Jarry, désireux d'anoblir son ascendance.

Le 1er novembre 1907, Jarry meurt à Paris d'une méningite tuberculeuse.

3 - LE CADRE DE L'ŒUVRE

■ Le théâtre au tournant du siècle

Pour comprendre la force novatrice et provocante d'*Ubu roi*, il convient de connaître certaines données essentielles sur le théâtre de la Belle Époque qui, à bien des égards, apparaît comme une période de renaissance de ce genre littéraire que le succès du roman avait un temps quelque peu éclipsé. Différentes tendances, parfois contradictoires, se rencontrent sur les scènes parisiennes ; quelques faits suffiront à montrer l'extrême diversité et complexité du théâtre au tournant du XXe siècle. *Ubu roi* est monté en 1896, la même année que *Le Dindon* de Feydeau, et en 1897, le drame en vers d'Edmond Rostand, *Cyrano de Bergerac*, remporte un succès phénoménal, tandis que Paul Claudel, depuis 1890, a déjà composé bon nombre de pièces, de *Tête d'or* à *La Ville* (dont la seconde version date précisément de 1897), en passant par *La Jeune Fille Violaine*.

Les expériences d'avant-garde

Pour évoquer les théâtres d'avant-garde, les auteurs de la fin du XIXe siècle parlent aussi de « théâtres à-côté », par opposition aux théâtres de boulevard. Nous signalons ici les principaux metteurs en scène et directeurs de théâtre qui ont contribué à la fertilité de l'avant-garde dramaturgique à l'époque de Jarry.

André Antoine (1857-1943), acteur et metteur en scène, fonde en 1887 le « Théâtre-Libre », destiné à présenter toutes les œuvres possibles sans se soucier de la censure. Jusqu'en 1894, Antoine réalisera des spectacles dont certains peuvent être qualifiés de naturalistes à cause de partis pris de mise en scène assez novateurs (décors réalistes, feux de bois réels sur scène, pendules indiquant l'heure exacte, etc.).

Paul Fort fonde en 1890 le « Théâtre d'Art » pour faire connaître les œuvres idéalistes, poétiques et symbolistes.

Aurélien Lugné-Poe (1869-1940) crée en 1893 le « Théâtre de l'Œuvre », où il fait représenter la pièce symboliste *Pelléas et Mélisande* du Belge Maurice Maeterlinck, puis les œuvres d'Ibsen, de Strindberg et de Paul Claudel (*L'Annonce faite à Marie*, en 1912). C'est grâce à Lugné-Poe et à son théâtre d'avant-garde que Jarry pourra monter son *Ubu roi* en 1896.

Jacques Copeau (1879-1949) reprend en 1913 la direction du Vieux-Colombier, qui compte parmi les théâtres d'avant-garde, et donnera en 1914 une représentation de *L'Échange* de Claudel.

Sarah Bernhardt

Sarah Bernhardt (1844-1923), actrice de la Comédie-Française, remarquée notamment pour ses interprétations de Hugo et de Racine, est sans doute la comédienne la plus connue de la Belle Époque. Elle se distinguera ensuite dans des rôles travestis : *Lorenzaccio* de Musset (qu'elle joue en 1896), *Hamlet* de Shakespeare, et, en 1900, *L'Aiglon* d'Edmond Rostand. Quant aux comédiens qui interprétèrent les principaux rôles d'*Ubu roi* pour la première, ce ne sont ni des inconnus ni des amateurs : le talent de Gémier en Père Ubu et de Louise France en Mère Ubu fut salué par la critique.

La veine réaliste

En 1893, paraît *Le Docteur Pascal*, dernier volet du cycle des *Rougon-Macquart* commencé en 1871 par Émile Zola, et toute la fin du siècle restera encore marquée par l'expérience naturaliste, dont l'influence se fait sentir également au théâtre. Plusieurs pièces s'attachent en effet, dans une perspective réaliste, à dénoncer les tares et les travers de la société de la IIIe République : on retiendra *Les affaires sont les affaires* d'Octave Mirbeau (1840-1917) et les drames d'Henry Bernstein (1876-1953), comme *La Rafale* (1905) ou *Le Voleur* (1906). Mais la tentative la plus explicite de théâtre naturaliste remonte à 1882, avec le drame d'Henri Becque, *Les Corbeaux*.

Le « théâtre d'idées » s'inscrit dans la même veine réaliste, moraliste et engagée ; on retiendra le nom de

François de Curel (1854-1929), qui subit l'influence d'Ibsen et traite de problèmes précis dans ses pièces : l'affrontement entre patrons et ouvriers dans *Le Repas du lion* en 1897, et les risques du pouvoir scientifique dans *La Nouvelle Idole* en 1899.

Théâtre de boulevard et vaudeville

Pour offrir un tableau complet de l'activité théâtrale de la Belle Époque, il faut également tenir compte de toute une production visant au divertissement de la société bourgeoise de la IIIe République.

C'est sur les « grands boulevards » parisiens, créés à la suite des travaux de réaménagement de la capitale entrepris en 1862 par le baron Haussmann, préfet de la Seine, que s'installèrent à partir du Second Empire les nouveaux théâtres destinés à un public bourgeois. De là est née l'expression « théâtre de boulevard » qui désigne plus largement, en dehors de la localisation géographique, des pièces légères mettant en scène les mœurs bourgeoises. Les thèmes privilégiés en sont la réussite sociale, l'adultère, les déboires conjugaux et extra-conjugaux, les scènes domestiques.

Quant au vaudeville, il s'agit d'un genre remontant au XVIIIe siècle, se présentant comme une comédie comportant des couplets chantés. À la fin du XIXe siècle, l'aspect musical ayant disparu, le vaudeville est devenu un genre joyeux, qui privilégie les intrigues particulièrement riches en quiproquos et développe les mêmes thèmes que le théâtre de boulevard, mais avec une fantaisie plus débridée et un esprit satirique plus aigu. Les grands maîtres du vaudeville sont incontestablement Georges Feydeau (1862-1921) et Georges Courteline (1828-1929). Feydeau, s'inspirant d'Eugène Labiche (1815-1888), développe une extrême virtuosité dans la complexité de l'intrigue et porte à son paroxysme la satire bourgeoise, dans des pièces comme *Un fil à la patte* (1894), *Le Dindon* (1896), *La Puce à l'oreille* (1907) ou encore *On purge bébé* (1910). Il remporte un immense succès, et aujourd'hui encore ses pièces sont régulièrement représentées. Courteline fut quant à lui soutenu par André Antoine, qui monta en 1891 sa première pièce, *Lidoire*, puis *Le gendarme est sans pitié* (1899), et d'autres créations encore, comme *La Paix chez soi* (montée en 1903, toujours par Antoine), qui sera inscrite au répertoire de la Comédie-Française dès 1906. Courteline estimait avoir donné ses lettres de noblesse au genre en inventant le « vaudeville littéraire ».

Dans le même esprit que le théâtre de boulevard et le vaudeville, se développent à la fin du siècle l'opérette et l'opéra-bouffe, qui mettent en musique les mêmes thématiques. On retiendra surtout les œuvres de Jacques Offenbach (1819-1880), qui offre aux spectateurs parisiens de brillants spectacles chantés, particulièrement entraînants, comme *Orphée aux Enfers* (1858), *La Belle Hélène* (1864) ou encore *La Vie parisienne* (1866).

Le théâtre symboliste

De tous les genres théâtraux qui fleurissent à la Belle Époque, celui dont Jarry est le plus proche est sans doute le théâtre symboliste, bien qu'*Ubu roi* s'en démarque à bien des égards. Le symbolisme désigne avant tout un courant poétique, dans le prolongement de Baudelaire, Rimbaud et Verlaine, qui trouve son expression la plus complète avec Stéphane Mallarmé. Ce mouvement, qui repose sur la recherche de correspondances entre l'univers des idées et l'univers des sensations, connaît à la fin du siècle des tentatives de transpositions théâtrales, et l'on retiendra surtout le drame que Maeterlinck fit jouer en 1893, *Pelléas et Mélisande*, dont le musicien Claude Debussy tirera un opéra en 1902. Cette expérience s'oppose diamétralement aux partis pris réalistes : les décors se doivent d'être flous et imprécis, les personnages sont enveloppés d'un voile onirique, le texte développe des accents d'une profonde mélancolie, afin que dominent les sensations, et non l'action. En s'adressant à Lugné-Poe pour faire monter *Ubu roi*, Jarry s'inscrit bien dans le courant symboliste avant-gardiste, mais avec la nette volonté de le « secouer », comme le note François Caradec, dans son ouvrage *À la recherche d'Alfred Jarry* (voir Bibliographie, p. 126) :

> « Le public que Jarry veut choquer n'est pas un public bourgeois [...], mais un public d'esthètes. [...] La place d'*Ubu roi* dans l'histoire du théâtre se situe ainsi au centre du théâtre symboliste et non ailleurs ; il en est (comme la lune) la face cachée. »

■ La genèse d'*Ubu roi* : du Père Hébert au Père Ubu

Comme on l'a vu dans la biographie de l'auteur, la création d'*Ubu roi* remonte au séjour de Jarry au lycée de Rennes. La matrice de la pièce est donc constituée par *Les Polonais*, cette œuvre collective des potaches du lycée de Rennes, datant sans doute de 1885, qui met en scène le professeur de physique Félix Hébert sous le nom de Père Ébé. À proprement parler, on peut donc difficilement dire que Jarry a écrit la pièce, ni même qu'il a créé son personnage principal, devenu si célèbre que son nom est indissociable de celui de Jarry. Nous n'entrerons pas dans les querelles critiques qui cherchent à établir avec certitude la part qui revient à Jarry dans l'élaboration de la pièce, et celle qui revient aux camarades rennais, notamment les frères Morin. Nous n'intenterons pas non plus un procès à Jarry pour plagiat, car l'intérêt de la pièce et de sa genèse est ailleurs. Il reste avéré que Jarry a apporté quelques modifications notables à l'œuvre des lycéens, et la plus importante réside sans doute dans la transformation du Père Ébé en Père Ubu.

Plusieurs raisons, qui, loin de s'exclure, se complètent, peuvent expliquer cette métamorphose. François Caradec cite un passage de la Chanson du décervelage *(À la recherche d'Alfred Jarry)* : « Hurrah ! cornes au cul, vive le père Ébé ! » et note que la rime est plus « riche » avec Ubu ! Surtout, de manière moins anecdotique, Caradec montre que l'effacement du personnage réel qui a donné naissance à Ubu, le professeur Hébert, encore identifiable dans le surnom Ébé, au profit d'un être monstrueux, qui n'a plus rien à voir avec sa source, permet à la pièce d'atteindre une dimension bien plus large. La transformation d'Ébé en Ubu gomme le souvenir de la geste potachique du lycée de Rennes et fait apparaître dans toute sa force le géant malfaisant et mythique. Par ailleurs, sur le plan phonétique, le nom « Ubu » rappelle un air célèbre de *La Belle Hélène* d'Offenbach (1864), que Jarry n'était pas sans connaître : « Ce roi barbu qui s'avance – bu qui s'avance, bu qui s'avance, c'est Aga, Aga, Agamemnon. » Il n'est pas impossible que la trouvaille de Jarry s'inscrive dans le droit fil de cette parodie d'Agamemnon, dont la dignité antique est mise à mal par la répétition de syllabes cocasses mutilant les nobles caractéristiques physiques (barbu devient bu) et le nom (Agamemnon devient Aga).

De la genèse problématique d'*Ubu roi*, Patrick Besnier, dans la monographie *Alfred Jarry* (voir Bibliographie, p. 126), a donné une interprétation fort intéressante. Il commente la sorte de « bibliothèque idéale » que l'on trouve dans *Faustroll*, et où Jarry fait figurer *Ubu roi*, mais sans nom d'auteur :

« [...] la signature est à peu près la seule chose que Jarry apporta à la pièce écrite par les lycéens de Rennes, ce *ready-made* à peine aidé. Le coup d'audace était d'apposer un nom d'auteur – quel qu'il fût – à une production potachique, et de troubler par là les notions d'œuvre et d'auteur. À partir du moment où Jarry gomme son nom, le dissocie d'*Ubu roi* [...], la manœuvre se voit défaite ou niée. Ce rebondissement des rapports compliqués entre Jarry et le personnage d'Ubu [...] est aussi une mise en garde adressée aux crédules amateurs de belles-lettres, qui auraient des idées arrêtées, claires, sur l'œuvre, l'auteur et leurs liens. Impossible de soutenir que l'auteur est celui qui a écrit l'œuvre : c'est si peu vrai que l'on ne peut même pas affirmer le contraire. Des deux propositions : "Jarry est l'auteur d'*Ubu roi*" et "Jarry n'est pas l'auteur d'*Ubu roi*", aucune n'est exacte. La vérité est ailleurs. »

■ Jarry et son personnage

Comme la biographie l'a montré, *Ubu roi* est loin d'être la seule œuvre de Jarry, auteur fort prolixe. Cependant, son nom reste irrémédiablement attaché à celui d'Ubu, au point que rares sont les lecteurs qui connaissent de Jarry autre chose qu'*Ubu roi*. Plusieurs facteurs expliquent cette méconnaissance de l'œuvre au profit d'*Ubu roi*, mondialement connu. Après la première d'*Ubu roi*, loin d'effacer le scandale qui entoure la pièce (l'écrivain Jules Renard, qui avait assisté à la représentation, écrit : « Si [Jarry] n'écrit pas demain qu'il s'est moqué de nous, il ne s'en relèvera pas »), Jarry amorce un mouvement d'identification avec son personnage et tend à « devenir » Ubu. Déjà, lorsque Jarry avait conseillé à Lugné-Poe de faire adopter à Gémier, l'acteur jouant Ubu, un accent, et même une voix spéciale, celui-ci avait suggéré d'imiter le timbre et les intonations de Jarry lui-même, qui surprenait ses amis parisiens par son fort accent des Côtes-du-Nord.

C'est ainsi que se crée progressivement une voix ubuesque, qui vient s'ajouter au parler caractéristique du personnage, et que Jarry adoptera peu à peu. Jarry ira jusqu'à signer « Père Ubu » et à émailler ses discours d'expressions typiquement ubuesques. Ce mimétisme, cette adhérence au personnage ont été analysés par Patrick Besnier (voir Bibliographie, p. 126) : d'une part, Jarry, masqué par Ubu, est « protégé », « délivré du souci de sérieux et de respectabilité par l'excès d'Ubu » et gagne ainsi une grande liberté qui lui permet de « développer parallèlement une œuvre autobiographique, au ton extraordinairement intime, qui s'ouvre dès 1897 avec *Les Jours et les Nuits* » ; d'autre part, l'identification avec Ubu « assure à Jarry une place dans le monde, une fonction publique, elle l'aide à lutter contre la désincarnation du poète et de l'œuvre littéraire. [...] Ubu donne à Jarry écrivain un corps visible. » On n'oubliera pas toutefois que ce processus mimétique est à l'origine de la méconnaissance de l'œuvre de Jarry et de l'image déformée que certains contemporains ont eue de lui (on se souvient qu'André Gide voyait Jarry comme « un gugusse de cirque, désireux de paraître clown »).

2

ÉTUDE DU TEXTE

1 - RÉSUMÉ DE LA PIÈCE

■ Acte I : la mise en place du complot

L'action se passe en Pologne. La Mère Ubu essaie de convaincre son mari le Père Ubu, capitaine de dragons, officier de confiance du roi Venceslas, décoré de l'ordre de l'Aigle Rouge de Pologne et ancien roi d'Aragon, de tuer Venceslas et sa famille afin de s'emparer du trône. Ubu est tenté, mais la scène se clôt sur un refus de sa part (I, 1). À la scène suivante, on retrouve le couple Ubu dans une chambre de leur maison, attendant des invités devant une table somptueusement dressée. Ubu, qui a faim, dérobe la nourriture, au grand dam de la Mère Ubu (I, 2). Arrivent les convives, le capitaine Bordure et ses partisans. Rapidement, Ubu chasse les hommes de Bordure pour rester seul avec lui et l'entretenir du complot (I, 3). Ubu promet à Bordure de le faire duc de Lithuanie s'il le seconde dans l'assassinat du roi. Bordure promet son aide et se porte garant de la loyauté de ses hommes (I, 4). Un messager vient avertir Ubu que le roi l'attend. Ubu, qui croit la conspiration découverte, veut faire accuser la Mère Ubu et Bordure à sa place (I, 5). La scène suivante se déroule dans le palais du roi : Venceslas, entouré de ses fils Boleslas, Ladislas et Bougrelas, ainsi que de Bordure et de ses officiers, a fait appeler Ubu pour le récompenser de ses bons et loyaux services ; il veut le faire duc de Sandomir et lui demande d'être présent le lendemain à la grande revue d'armes. En aparté, Ubu répète, au moment de sortir, son intention de tuer Venceslas (I, 6). Dans la maison du Père Ubu, les conjurés (Giron, Pile, Cotice, le couple Ubu, Bordure et les hommes de main) se réunissent pour décider d'un plan d'action. Après plusieurs hésitations sur la méthode à adopter (empoisonnement, assassinat héroïque...), la proposition d'Ubu est acceptée : durant la revue, au signal « merdre » prononcé par Ubu, tous se jetteront sur Venceslas pour le massacrer avec sa famille. Les conjurés prêtent serment, la Mère Ubu faisant office de prêtre (I, 7).

■ Acte II : l'exécution de la conjuration

Venceslas interdit à son fils Bougrelas d'assister à la revue, car le jeune garçon s'est montré impertinent avec « Monsieur Ubu ». La reine Rosemonde, qui a fait un rêve prémonitoire, met en garde son époux contre cette revue : le songe lui a montré un aigle plaçant la couronne sur la tête d'Ubu. Pour prouver qu'il ne craint pas le Père Ubu en qui il a toute confiance, Venceslas décide d'aller à la revue sans armes. La reine va se recueillir avec son fils dans la chapelle royale (II, 1). Lors de la revue, le plan ourdi par Ubu et ses hommes est effectivement mis en œuvre. Venceslas est tué, mais ses fils parviennent à prendre la fuite (II, 2). Depuis le palais, la reine et le jeune Bougrelas assistent impuissants au massacre des partisans du roi et de Boleslas et Ladislas. Les hommes du Père Ubu montent l'escalier (II, 3). Le Père Ubu entre avec ses hommes. Bougrelas défend vaillamment sa mère, « découd la bedouille au Père Ubu » et s'enfuit avec la reine par un escalier dérobé (II, 4). Bougrelas et Rosemonde se sont réfugiés dans une caverne, dans les montagnes. La reine, accablée par les événements, meurt. Bougrelas voit la grotte s'emplir des fantômes de ses ancêtres, dont l'un lui remet une épée et le charge de venger la famille outragée (II, 5). Par ailleurs, au palais, la Mère Ubu et Bordure parviennent à convaincre Ubu, très réticent, de consentir au peuple des distributions de viande et d'or (II, 6). Dans la cour du palais, sous les yeux d'Ubu couronné, a lieu la distribution d'or au peuple. Bordure suggère d'organiser une course dont l'enjeu est une caisse d'or, puis Ubu invite le peuple à une orgie dans le palais (II, 7).

■ Acte III : les excès du nouveau souverain et le début de la guerre

Ubu annonce à la Mère Ubu son intention de ne pas tenir sa promesse de faire Bordure duc de Lithuanie. La Mère Ubu le met en garde contre son ingratitude et lui rappelle également que le jeune Bougrelas pourrait chercher à se venger. Ubu ignore ses avertissements (III, 1). Dans la grande salle du palais, Ubu procède à l'exécution des nobles et à la confiscation de leurs biens. Il réforme la justice en faisant massacrer les magistrats, et les finances en faisant massacrer les financiers : désormais, c'est lui en personne qui ira récolter les impôts de village en village (III, 2). Dans une maison des environs de Varsovie, plusieurs paysans discutent la nouvelle de la prise de pouvoir par Ubu (III, 3). Arrive le Père Ubu, qui vient prélever abusivement des impôts exorbitants. Un paysan, Stanislas Leczinski, lui tient tête et parvient à s'enfuir. La maison est détruite par les hommes d'Ubu, qui récolte l'argent (III, 4). Dans une casemate des fortifications de Thorn, le Père Ubu vient rendre visite à Bordure fait prisonnier. Bordure rappelle ses crimes à Ubu et le menace (III, 5). La scène suivante se déroule dans le palais de Moscou : Bordure, qui a réussi à s'échapper, vient se mettre au service de l'empereur Alexis et lui demande de l'aide pour renverser Ubu et rétablir Bougrelas (III, 6). Lors d'une réunion du Conseil, Ubu reçoit une missive de Bordure qui annonce son intention d'envahir les États d'Ubu et de mettre Bougrelas sur le trône. La Mère Ubu et les conseillers décident Ubu à accepter la guerre, mais celui-ci ne veut en aucun cas dépenser de l'argent… (III, 7). Dans la scène suivante, on assiste aux préparatifs militaires d'Ubu, dans le camp sous Varsovie. Avant de partir pour la guerre, Ubu confie la régence à la Mère Ubu, qui en aparté avoue ses intentions : s'emparer du trésor (III, 8).

■ Acte IV : défaite et fuite d'Ubu vaincu par les Russes

Entrée dans la crypte de la cathédrale de Varsovie, la Mère Ubu cherche à s'emparer du trésor des anciens rois de Pologne. On entend la voix de Jean Sigismond qui la menace. La Mère Ubu s'enfuit avec l'or qu'elle a volé (IV, 1). Sur la place de Varsovie, Bougrelas et ses partisans mettent en œuvre leur attaque. La Mère Ubu parvient à se sauver, poursuivie par tous les Polonais (IV, 2). Pendant ce temps, en Ukraine, l'armée du Père Ubu, en station sur une hauteur, est attaquée par les Russes (IV, 3). Lors de l'attaque, le Père Ubu tue Bordure et fait tomber dans un fossé le Czar, qui sera finalement délivré par les Dragons russes. Le Père Ubu parvient à s'enfuir (IV, 4). À la scène suivante, on retrouve dans une caverne de Lithuanie le Père Ubu entouré de Pile et Cotice. Il neige. Ubu commente la mort de Rensky. Un bruit étrange interrompt la conversation (IV, 5). Un ours pénètre dans la caverne et attaque les trois hommes. Ubu monte sur un rocher en récitant des *Pater Noster*, tandis que Pile défend vaillamment Cotice, à moitié dévoré par la bête. Le Père Ubu, qui s'attribue tout le mérite de la mort de l'ours, suggère de le faire cuire et de le manger. La chaleur du feu le fait s'endormir. Pile et Cotice profitent de son sommeil pour l'abandonner et vont aux nouvelles, pour savoir si la Mère Ubu a bel et bien été détrônée (IV, 6). La dernière scène de l'acte IV est constituée d'un monologue du Père Ubu endormi (IV, 7).

■ Acte V : retrouvailles des époux Ubu, pourchassés par Bougrelas et contraints à l'exil

La Mère Ubu, qui a été chassée de Varsovie par Bougrelas et ses partisans, se réfugie dans la grotte où dort Ubu, sans savoir que son époux s'y trouve. Se croyant seule, elle résume dans un soliloque sa fuite à travers la Pologne, puis, s'apercevant de la présence du Père Ubu, elle décide de profiter de l'obscurité pour simuler une apparition surnaturelle. Prétendant être saint Gabriel, elle cherche à obtenir d'Ubu qu'il pardonne à sa femme d'avoir détourné de l'argent. À la faveur des premières lueurs du jour, Ubu reconnaît la Mère Ubu et décide de la châtier vertement. Un grand remue-ménage à l'entrée de la caverne interrompt les supplices (V, 1). Ce sont Bougrelas et ses hommes qui attaquent. Le couple Ubu parvient toutefois à se sauver, grâce à l'intervention des Palotins (V, 2). Dans la scène suivante, on retrouve les « Ubs » et leur suite en fuite dans la province de Livonie couverte de neige. Bougrelas a renoncé à les poursuivre et est allé se faire couronner (V, 3). La dernière scène présente le Père Ubu et sa bande sur le pont d'un navire sur la Baltique, faisant voile vers la France, où le Père Ubu entend bien se faire nommer « Maître des Finances à Paris ». La pièce se clôt sur la « Chanson du décervelage » (V, 4).

2 - LA RÉVOLUTION THÉÂTRALE D'*UBU ROI*

■ Les conceptions de Jarry dramaturge

« Rethéâtraliser » le théâtre

Pour comprendre comment et pourquoi *Ubu roi* fit l'effet d'une véritable bombe en 1896 et continue aujourd'hui encore de provoquer, de choquer le lecteur et le spectateur, il convient de rappeler brièvement les positions radicalement nouvelles de son auteur sur le théâtre. Jarry a exprimé ses convictions dans de nombreux écrits postérieurs à la création de la pièce, mais il faut également tenir compte de l'article paru en septembre 1896 dans le *Mercure de France* et qui porte un titre paradoxal et provocateur, « De l'inutilité du théâtre au théâtre ». Pour Jarry, l'art et la vie sont indissociables et ne forment qu'un seul et même concept. Mais ce postulat ne conduit pas à la recherche d'une création dramatique réaliste, comme l'entendaient certains contemporains, bien au contraire. Il s'agit, comme le souligne Henri Béhar dans *Jarry dramaturge* (voir Bibliographie, p. 125), de « rethéâtraliser le théâtre en refusant de l'assimiler à un événement du quotidien, pur reflet d'une réalité apparente ».

La mort des conventions théâtrales

Les règles de la dramaturgie classique volent en éclats : les trois unités (unité de temps, de lieu et d'action) n'ont plus de raison d'être. Il est impossible de reconstituer une chronologie précise des événements dans *Ubu roi*, mais il est évident que l'action se déroule sur plusieurs jours et ne présente pas de conclusion fermée et satisfaisante. Quant au lieu de l'action, il ne cesse de changer, de l'appartement des Ubs au champ de bataille, en passant par la grotte et le navire. Le résumé de la pièce a déjà montré l'éclatement, l'incohérence et la dispersion de l'action. Les règles classiques deviennent caduques, puisqu'il s'agit de présenter un personnage qui accapare toute l'attention et dont les actions dictent tous les déplacements dans le temps et dans l'espace. Le théâtre de Jarry est l'exact envers du théâtre d'idées : il ne montre rien, ne démontre rien, n'a pas de portée didactique, ne défend ni ne combat aucune thèse ; il montre. Il ne faut pas oublier que porter à la scène la geste potachique du Père Ubu, à savoir un texte non littéraire, réservé à un petit cercle de lycéens, implique déjà une charge révolutionnaire.

Le personnage

Le but premier est de donner au personnage, conçu comme une âme mise à nu, une universalité éternelle, qui ne peut être atteinte qu'à travers le refus des conventions dramaturgiques habituelles, par le recours aux masques, à la gestuelle, au décor. Déjà le théâtre symboliste, en tant que théâtre abstrait, fournissait à Jarry des pistes de réflexion. Mais l'auteur d'*Ubu roi* va plus loin encore : par le port d'un masque, l'acteur doit faire oublier totalement la personne au profit du personnage. Le personnage doit pouvoir exister au-delà du jeu de l'acteur, de sorte qu'Ubu sera toujours Ubu, quel que soit l'acteur qui en jouera le rôle. Ubu doit devenir un type (c'est-à-dire un modèle abstrait réunissant les traits essentiels de tous les êtres de la même nature), ou, pour le dire avec les mots de Jarry, « une abstraction qui marche » (*Réponses à un questionnaire sur l'art dramatique*, document inédit publié par les *Cahiers de 'Pataphysique* en 1958). Jarry a porté son attention aux moindres détails de la dramaturgie : il refuse le décor illusionniste au profit d'un décor schématisé, abstrait, fait par exemples de pancartes, ou de toiles vagues (il chargera le peintre Douanier Rousseau de l'exécution de certains décors), et, dans le jeu des acteurs, il exige une transposition du guignol, du théâtre de marionnettes. On l'a dit, les acteurs doivent porter un masque, mais ils doivent aussi adopter une voix et un accent spécifiques qui seront associés de manière définitive au personnage. Dans les indications qu'il a laissées pour la représentation d'Ubu, on apprend donc que Bordure « parle anglais », que la reine Rosemonde a l'accent du Cantal (ce qui donne une tout autre saveur à sa mort poignante !), et que la foule polonaise « nasille des trognes » *(Programme d'« Ubu roi »)*. En aucun cas l'acteur réel ne doit être identifiable, et seul le personnage doit apparaître au spectateur.

Le déroulement de la représentation

Jarry s'est montré attentif aux moindres détails de la représentation théâtrale : il choisit une musique destinée à former une sorte de « décor sonore » (son ami Claude Terrasse composera la musique d'*Ubu roi*, dont la partition sera publiée en 1897 avec le fac-similé autographique du texte de la pièce). Le jeu des lumières sera utilisé pour rendre moins figé le masque porté par les acteurs. Enfin, Jarry recommande de n'éclairer que la scène, afin que la salle reste dans l'ombre et que les spectateurs ne cèdent pas à la tentation, répandue au XIXe siècle, d'aller au théâtre non pour voir mais pour se faire voir. De même, pour ne pas gêner la représentation et le plaisir des spectateurs réellement intéressés, les retardataires ne pourront pénétrer dans la salle après le début de la pièce : fermeture des portes du théâtre après les trois coups.

■ Lieu de l'action, costumes et accessoires

Une pièce est faite pour être représentée, et ce lieu commun prend un sens tout particulier avec *Ubu roi*, puisque le coup d'éclat de Jarry consiste précisément, on l'a dit, à porter sur la scène un texte, certes à l'origine conçu comme une œuvre dramatique, mais non destiné à être représenté en dehors du cadre restreint du petit théâtre des Phynances des frères Morin. On se penchera donc sur les indications de représentation et de dramaturgie laissées par Jarry.

Le lieu de l'action n'a pas de réalité géographique et pour ainsi dire n'existe pas : « L'action se passe en Pologne, pays assez légendaire et démembré pour être ce Nulle Part, ou tout au moins, selon une vraisemblable origine franco-grecque, bien loin un quelque part interrogatif » (*Programme d'« Ubu roi »*, brochure distribuée aux spectateurs lors de la première). L'action se déroule donc en Pologne, c'est-à-dire Nulle Part (ce qui historiquement est en quelque sorte vrai en 1896, puisque la Pologne a été démembrée et partagée entre l'Autriche, la Russie et la Prusse à la fin du XVIIIe siècle), et cette précision justifie l'indétermination du décor et du cadre historique souhaitée par Jarry. Il ne s'agit donc en aucun cas d'une pièce historique, avec costumes d'époque et détails pittoresques.

Les costumes doivent au contraire choquer, contredire un personnage ou bien le synthétiser à l'extrême, sans qu'interviennent jamais les détails permettant d'identifier une époque ou un lieu précis : Ubu est vêtu d'un complet gris, il a toujours une canne enfoncée dans la poche droite, et son crâne piriforme (en forme de poire) est surmonté d'un chapeau melon, auquel s'ajoutera une couronne lorsqu'il sera roi (II, 2). On reconnaît là vaguement la tenue du professeur Hébert, que différents accessoires viendront modifier dans un sens proprement ubuesque (le bâton-à-physique et autres attributs du pouvoir). Voici la tenue de la Mère Ubu telle que la souhaite Jarry : « costume de concierge, marchande à la toilette. Bonnet rose ou chapeau à fleurs et plumes, au côté un cabas ou filet. Un tablier dans la scène du festin. Manteau royal à partir de la scène 2, acte VI » (Répertoire des costumes, document inédit paru dans les *Cahiers du Collège de 'Pataphysique*, le 27 octobre 1950). Le jeune Bougrelas sera vêtu « en bébé en petite jupe et bonnet » *(ibid.)*. Ces costumes à l'évidence contredisent le texte et viennent par là même lui donner une nouvelle portée parodique. De même, les foules (l'armée russe, l'armée polonaise, le peuple, l'équipage) seront incarnées par un ou deux acteurs seulement !

Les accessoires sont extrêmement importants dans *Ubu roi*, au point que certains (la machine à décerveler et le cheval à phynances, qui n'est en aucun cas un véritable cheval, mais un jouet pour enfants, ou bien un manche à balai coiffé d'une tête de cheval) figurent dans la liste des personnages. Parmi les plus remarquables, signalons le « balai innommable » qu'Ubu jette sur ses convives et qui en empoisonne certains

(I, 3). Il s'agit bien sûr du balai des cabinets, un balai à merdre au sens le plus littéral du terme, dont l'emploi sur scène réaffirme la volonté de provocation de la pièce, dont la trivialité franchit allègrement le seuil de la scatologie. Le croc à merdre, susceptible de devenir au gré des besoins du tyran croc à phynances ou crochet à nobles, répète la provocation scatologique du bâton innommable, mais ajoute une démystification du pouvoir, puisque le croc à merdre est précisément un attribut royal qui sert aussi à exterminer les nobles. Comme le note Henri Béhar, le croc à merdre est « l'instrument qui destitue la noblesse, transforme l'or en boue – et réciproquement. Il concrétise le rire irrespectueux des enfants, saccageant les conventions sociales, jetant tout ce qu'il y a de plus sérieux en pâture à la Machine à décerveler ». Quant au bâton à physique, il remonte aux origines rennaises d'Ubu, puisque le professeur Hébert se servait pour ses démonstrations d'une règle, dont l'inséparable canne d'Ubu, fichée dans la poche, et le « petit bout de bois », instrument de torture, pourraient être autant d'avatars. Il n'est pas exclu par ailleurs que le bâton à physique puisse être considéré comme un symbole phallique.

■ Structure d'*Ubu roi*

La composition d'*Ubu roi* en cinq actes pourrait faire croire à un respect des formes du théâtre classique. Mais, comme on l'a vu, cette apparente conformité aux règles classiques sert des intentions parodiques : les trois unités sont totalement bafouées, les actions les plus violentes (disputes, tortures, meurtres, batailles, attaque de l'ours...) et les plus triviales (du balai innommable aux culbutes du Père Ubu qui se crève la « gidouille ») sont montrées sur scène, au mépris de toutes les bienséances. À cette transgression des règles classiques s'ajoutent les problèmes posés par la structure de la pièce. En apparence, *Ubu roi* reproduit la structure de tout drame historique, dont les pièces de Shakespeare constituent le modèle, d'*Hamlet* à *Macbeth*, en passant par *Jules César* ou *Henry V*. On distingue trois mouvements : la prise du pouvoir, l'exercice du pouvoir, et enfin la chute (retour au pouvoir légitime de Bougrelas après la défaite de l'usurpateur). En d'autres termes, une situation initiale (Venceslas est légitimement roi) est perturbée par l'action d'Ubu (le coup d'État), puis est rétablie (le souverain légitime, Bougrelas, reprend la couronne). De même, les instruments traditionnels d'analyse peuvent être appliqués à *Ubu roi* : on distingue bien un groupe d'adjuvants du côté d'Ubu (Bordure et ses hommes) et un groupe d'opposants (le camp du roi, Bougrelas, le tsar).

Toutefois, cette apparente conformité aux schémas dramatiques traditionnels cache mal la spécificité radicale d'*Ubu roi* et son caractère révolutionnaire. La pièce ne saurait être assimilée à un drame historique : d'une part, on l'a vu, le cadre spatio-temporel est parfaitement indéterminé, et d'autre part, surtout, la thématique du pouvoir est paradoxalement absente. Aucune motivation psychologique ou idéologique ne vient étayer les actions des conjurés, aucun scrupule, aucune réflexion sur le pouvoir ne vient troubler le déterminisme d'appétits grossiers (l'ambition du pouvoir à l'état brut, le goût de la phynance, le désir de « manger fort souvent de l'andouille » et d'avoir le « cul » installé sur un trône, une couronne sur la « fiole », et « un grand caban »). À l'évidence, ce n'est donc pas le drame du pouvoir qui intéresse Jarry, mais bien le sort des personnages mythiques que sont les « Ubs ». En effet, après leur défaite en Pologne, le Père Ubu et la Mère Ubu continuent leurs aventures : la dernière scène laisse entendre que le couple terrible est prêt à recommencer ses exactions de par le vaste monde. Ce qu'il a fait Nulle Part, il pourra bien le faire Partout. Henri Béhar a montré qu'*Ubu roi* « se déroule un peu comme une spirale, celle qui orne la gidouille du Père Ubu dans le "Véritable portrait de Monsieur Ubu" gravé par Jarry lui-même ».

3 - LES PERSONNAGES D'*UBU ROI*

■ La présence écrasante du Père Ubu

C'est bien sûr par le Père Ubu qu'il convient de commencer une étude des personnages de la pièce. Rarement protagoniste occupa une place aussi importante dans une œuvre : Ubu est présent dans vingt-sept scènes sur les trente-trois que comporte la pièce. Il ne quitte donc presque jamais la scène et impose sa silhouette caractéristique (son énorme bedaine, son masque piriforme) ainsi que sa voix tonitruante.

La bêtise du Père Ubu

Le Père Ubu illustre une accumulation systématique d'anti-vertus, d'anti-qualités héroïques. Le personnage se caractérise tout d'abord par son aberrante bêtise. Nous nous limiterons ici à citer quelques-unes des scènes les plus significatives : Ubu offre un petit jouet dérisoire, un mirliton, au roi qui vient de le remercier de ses bons et loyaux services, ce qui provoque la réaction immédiate de Bougrelas : « Est-il bête, ce père Ubu » (I, 6). De même, la Mère Ubu s'écrie « Quel sot homme », lorsque son époux évoque l'invention d'un système pour « faire venir le beau temps et conjurer la pluie » (III, 7). Dans la même scène, Ubu commet l'un de ses fréquents lapsus et bafouillages, riches d'effets comiques :

> « [...] j'ai des oneilles pour parler et vous une bouche pour m'entendre. *(Éclats de rire.)* Ou plutôt non ! Vous me faites tromper et vous êtes cause que je suis bête ! »

On remarquera le paradoxe énoncé par Ubu qui, tout en constatant son immense stupidité, cherche immédiatement à en rejeter la « responsabilité » sur les autres ! La bêtise d'Ubu l'amène à confondre l'ours avec un petit chien inoffensif :

> « Oh ! tiens, regardez donc le petit toutou. Il est gentil, ma foi. » (IV, 6)

Enfin, Ubu, dans les dernières scènes, comprend de travers le vocabulaire maritime et accumule les calembours calamiteux :

> « Mer farouche et inhospitalière qui baigne le pays appelé Germanie, ainsi nommé parce que les habitants de ce pays sont tous cousins germains. » (V, 4)

Il ne s'agit là que d'exemples pris parmi tant d'autres, puisque chaque scène illustre l'une des facettes de l'inépuisable bêtise d'Ubu.

La lâcheté du Père Ubu

Jarry a construit le Père Ubu comme un personnage d'une immense lâcheté : il cherche à plusieurs reprises à faire accuser les autres à sa place ; lorsque le roi le convoque (I, 5), il croit le complot découvert (« Oh ! merdre, jarnicotonbleu, de par ma chandelle verte, je suis découvert, je vais être décapité ! hélas ! hélas ! ») et, face à l'énergie accusatrice de la Mère Ubu (« Quel homme mou ! et le temps presse »), il ne tarde pas à songer à une dénonciation pour s'innocenter (« Oh ! j'ai une idée : je dirai que c'est la Mère Ubu et Bordure »). De même, lorsque Bordure propose de tuer Venceslas à coups d'épée, la réaction d'Ubu est immédiate :

> « Et s'il vous donne des coups de pied ? [...] Si je savais, je filerais vous dénoncer pour me tirer de cette sale affaire, et je pense qu'il me donnerait aussi de la monnaie. » (I, 7)

De manière générale, devant le danger, Ubu ne songe qu'à protéger sa précieuse personne et se montre incapable de prendre la moindre décision. La peur d'Ubu est d'autant plus risible qu'il est le premier à la commenter : à l'annonce de l'invasion menée par Bougrelas secondé du Czar, Ubu s'écrie :

> « Ho ! ho ! J'ai peur ! Ha ! je pense mourir. Ô pauvre homme que je suis. Que vais-je devenir, grand Dieu ? Ce méchant homme va me tuer. Saint Antoine et tous les saints, protégez-moi, je vous donnerai de la phynance et je brûlerai des cierges pour vous. Seigneur, que devenir ? *(Il pleure et sanglote.)* » (III, 7)

On notera le caractère infantile des réactions d'Ubu (les larmes, la recherche superstitieuse de saints protecteurs). Citons encore la scène de l'ours, lors de laquelle Ubu se garde bien de défendre Pile et Cotice et se réfugie sur un rocher pour réciter des prières auxquelles il attribuera tout le mérite de la victoire (IV, 6). Une réplique illustrera parfaitement la forfanterie couarde d'Ubu : « Courage, fermons les yeux » (IV, 4).

Un personnage ignoble

Ubu, plus généralement, est construit comme un personnage proprement ignoble, guidé par les instincts les plus bas : gourmandise et goût de la phynance sont les principaux moteurs de la prise de pouvoir. Ubu, comme un enfant gâté, s'avère incapable d'attendre l'arrivée des invités et se rue sur le banquet préparé par la Mère Ubu :

> « Tiens, j'ai faim. Je vais mordre dans cet oiseau. C'est un poulet, je crois. Il n'est pas mauvais. » (I, 2)

Il volera ensuite une rouelle de veau. Par ailleurs, plusieurs scènes constituent Ubu comme un personnage avare et avide : après son avènement (II, 6), Ubu refuse de satisfaire le peuple par des dons de viande et d'or (« voulez-vous me ruiner pour ces bouffres ? », « Des viandes, oui ! de l'or, non ! Abattez trois vieux chevaux, c'est bien bon pour de tels sagouins »). De même, Ubu serait prêt à tuer un conseiller qui suggère des dépenses pour l'armée (« Je vais te tuer, toi, je ne veux pas donner l'argent. [...] Non, de par ma chandelle verte, faisons la guerre, puisque vous en êtes enragés, mais ne déboursons pas un sou. », III, 7).

Il faut citer encore la violence extrême d'Ubu, toujours prêt à infliger les pires tortures :

> « Ah ! tu m'injuries, Mère Ubu, je vais te mettre en morceaux. » (III, 1)

> « Payez ! ou ji vous mets dans ma poche avec supplice et décollation du cou et de la tête ! » (III, 4)

> « Oh ! mais tout de même, arrive ici, charogne ! mets-toi à genoux devant ton maître *(il l'empoigne et la jette à genoux)*, tu vas subir le dernier supplice. » (V, 1)

Suit un descriptif minutieux des sévices qu'Ubu entend faire subir à son épouse, avant de la « déchirer ». Ignoble dans son comportement, le Père Ubu l'est aussi dans son aspect physique : à son obésité monstrueuse s'ajoute la saleté. On se reportera à l'acte I, scène 4 : Ubu se jette sur Bordure pour l'embrasser ; suit un dialogue édifiant sur l'hygiène du Père Ubu :

CAPITAINE BORDURE

> Eh ! vous empestez, Père Ubu. Vous ne vous lavez donc jamais ?

PÈRE UBU

Rarement.

MÈRE UBU

Jamais !

L'absence de continuité

Poussant à leur paroxysme la bêtise, la lâcheté et les appétits les plus grossiers, Ubu n'offre aucune cohérence d'action. Ses réactions sont forcément imprévisibles, déterminées dans l'instant par les circonstances.

Tous les retournements sont donc possibles, puisque le personnage n'est guidé par aucun plan d'action, par aucune conviction, par aucun idéal. De même, les scrupules moraux n'ont pas droit de cité dans *Ubu roi* : « le mauvais droit ne vaut-il pas le bon ? » s'exclame Ubu (III, 1), après avoir manifesté, semblait-il, l'ombre d'une hésitation morale dans la première scène à l'idée de détrôner le roi légitime (« Ventrebleu, de par ma chandelle verte, j'aime mieux être gueux comme un maigre et brave rat que riche comme un méchant et gras chat »).

Il ne faut en aucun cas s'étonner de ces retournements qui font partie de l'originalité et de la provocation propres à la pièce de Jarry. On en trouvera de nombreux exemples : le Père Ubu ne voulait concéder aucune largesse au peuple, mais lorsque Bordure lui fait valoir que, sans distributions d'or et de viande, le peuple ne voudra pas payer les impôts, Ubu s'écrie :

> « Oh, alors je consens à tout. Réunissez trois millions, cuisez cent cinquante bœufs et moutons, d'autant plus que j'en aurai aussi ! » (II, 6)

L'excès dans la générosité est parfaitement symétrique de l'excès dans l'avarice qui caractérisait les premières répliques d'Ubu dans cette scène. Ubu pourra également appeler dans une même scène la Mère Ubu tantôt « grosse merdre », tantôt « ma douce enfant » (I, 4).

■ La Mère Ubu

Au premier abord, on pourrait être tenté de considérer la Mère Ubu comme un personnage très important, plus encore peut-être que son époux, puisque c'est bien souvent elle qui « tire les ficelles » et pousse le Père Ubu à l'action. C'est elle qui suggère d'assassiner le roi et sa famille à un Père Ubu content de son sort et qui met bien du temps à comprendre :

> « Ce n'est pas moi, Père Ubu, c'est un autre qu'il faudrait assassiner. » (I, 1)

> « Comment! après avoir été roi d'Aragon vous vous contentez de mener aux revues une cinquantaine d'estafiers armés de coupe-choux, quand vous pourriez faire succéder sur votre fiole la couronne de Pologne à celle d'Aragon? » (I, 1)

> « Qui t'empêche de massacrer toute la famille et de te mettre à leur place? » (I, 1)

Instigatrice du complot, la Mère Ubu peut paraître plus habile, plus manipulatrice et plus rusée que son époux : elle sait que pour garder le pouvoir Ubu doit se concilier le peuple (II, 6), récompenser Bordure pour son aide (« Crois-moi, tâche de t'attacher Bordure par tes bienfaits ») et se méfier du jeune Bougrelas, au point que la Mère Ubu peut faire figure de prophète en annonçant les revers du sort (« Fais à ta tête, Père Ubu, il t'en cuira »; « je suis sûre que le jeune Bougrelas l'emportera, car il a pour lui le bon droit », III, 1). Tout aussi dénuée de scrupules que son mari, la Mère Ubu cherche à « doubler » le Père Ubu en volant le trésor des rois de Pologne pour son propre compte (IV, 1) et en extorquant de l'argent à son nigaud d'époux, comme elle le dit elle-même dans un monologue :

> « Lui en ai-je pris, de la finance. Lui en ai-je volé, des rixdales. Lui en ai-je tiré, des carottes. Et son cheval à finances qui mourait de faim : il ne voyait pas souvent d'avoine, le pauvre diable. » (V, 1)

Enfin, la Mère Ubu est capable de concevoir le stratagème de l'apparition surnaturelle simulée afin d'obtenir la clémence d'Ubu.

Mais si la Mère Ubu peut sembler moins bête et plus calculatrice que son époux, il faut toutefois se garder d'en faire un personnage de tête plus important que le Père Ubu. Remarquons tout d'abord que l'intelligence de la Mère Ubu est bien relative : la ruse de l'apparition échoue lamentablement, puisque le Père Ubu châtie rudement sa femme dès que les lueurs du jour la lui font reconnaître. La seule parade de la Mère Ubu, dérisoire et grotesque, consiste à nier « effrontément », ainsi que le précisent les didascalies (V, 1). Dans cette même scène, le couple ne cessera de se renvoyer les accusations de bêtise (Ubu traite sa femme de « sotte chipie », de « sotte créature »). La Mère Ubu, comme son époux, a sa part de répliques stupides :

> « Je perds le Palotin Giron qui était si amoureux de mes attraits qu'il se pâmait d'aise en me voyant, et même, m'a-t-on assuré, en ne me voyant pas, ce qui est le comble de la tendresse. Il se serait fait couper en deux pour moi, le pauvre garçon. La preuve, c'est qu'il a été coupé en quatre par Bougrelas. » (V, 1)

En outre, la Mère Ubu ne fait pas plus que son époux preuve de courage : elle se sauve sitôt qu'elle entend des voix dans la crypte, elle hurle lorsque son époux lui envoie la carcasse de l'ours mort; sa peur devant un danger inexistant, son exagération de la douleur et l'annonce qu'elle fait de sa mort ne sont pas sans rappeler les innombrables répliques du Père Ubu se croyant menacé ou blessé :

> « Ah ! grand Dieu ! Quelle horreur ! Ah ! je meurs ! J'étouffe ! il me mord ! Il m'avale ! il me digère ! » (V, 1)

Enfin, les motivations de la Mère Ubu pour pousser son mari à renverser Venceslas sont tout aussi primaires que celles d'Ubu : aucun idéal, aucun choix politique, aucun souci de la justice, rien, pas même un désir de vengeance, ne vient s'ajouter au pur goût du pouvoir, au désir brut d'être reine et riche :

> « Vrout, merdre, il a été dur à la détente, mais vrout, merdre, je crois pourtant l'avoir ébranlé. Grâce à Dieu et à moi-même, peut-être dans huit jours serai-je reine de Pologne. » (I, 1)

Il convient donc de considérer la Mère Ubu non comme une nouvelle Lady Macbeth, une femme de tête manipulatrice et fourbe, mais comme une sorte de double féminin du Père Ubu, indissociable de celui-ci et affublée des mêmes tares (bêtise, grossièreté des appétits, couardise, etc.).

On remarquera que la Mère Ubu adopte le même langage que son époux (presque autant de « merdre » dans sa bouche que dans celle d'Ubu), et occupe la scène presque aussi souvent que lui, et presque toujours avec lui. Elle est bien « consubstantielle » au Père Ubu, comme le remarque Henri Béhar, et il est significatif qu'à la fin du texte les deux époux monstrueux ne fassent plus qu'un : dans la liste des personnages présents pour la dernière scène du dernier acte (V, 4), on ne lit plus « le Père Ubu, la Mère Ubu », mais « les Ubs », sorte de chimère qui réunit le couple inséparable pour préparer leurs aventures futures.

■ Les personnages secondaires

On a vu que le schéma actantiel traditionnel fonctionne mal pour *Ubu roi*. Il est bien sûr possible de répartir les personnages secondaires en « adjuvants » (personnages ayant pour fonction de venir en aide au héros) et « opposants » (personnages ayant pour fonction de faire obstacle au héros), mais on risque ainsi de perdre de vue la spécificité d'une pièce où les personnages apparaissent comme des marionnettes, des figures de guignol.

Les noms des personnages secondaires

Jarry, qui s'intéressait beaucoup aux blasons et au vocabulaire héraldique, a rebaptisé de nombreux personnages de la pièce rennaise en fonction de ce goût. De manière plus générale, le nom des personnages secondaires révèle des partis pris intéressants. Les noms du Capitaine Bordure et des Palotins (Giron, Pile et Cotice) renvoient au vocabulaire héraldique : la bordure est une pièce en forme de ceinture qui entoure l'écu, le giron désigne un triangle à pointe qui s'enfonce au cœur de l'écu, la pile est un pal qui s'étrécit à la base et se termine en pointe dans le bas de l'écu, et la cotice est une bande diminuée parallèle à d'autres bandes. Les critiques s'accordent à donner une valeur sexuelle à ces références héraldiques : la bordure représenterait le sphincter et le giron, la pile et la cotice seraient autant de symboles phalliques, récurrents dans les œuvres de Jarry (*César-Antechrist* notamment). Dans le cas de Bordure, il n'est pas interdit de voir également un déguisement du mot « ordure », qui renvoie à la thématique ordurière de la pièce.

Pour les noms des nobles et des rois de Pologne, Jarry a puisé dans l'histoire : il existe bien plusieurs rois Venceslas, mais ils appartiennent à l'histoire de la

Bohême et non de la Pologne. En revanche, plusieurs rois de Pologne s'appelèrent effectivement Boleslas et Ladislas (ce fut également le nom de plusieurs rois de Hongrie). De même, il existe plusieurs Rosemonde historiques (une reine des Lombards notamment), mais aucune n'est polonaise. Lascy fut un général polonais au XVIIIe siècle, et Leczinski fut un roi de Pologne particulièrement célèbre. Dans la pièce, c'est un simple paysan qui se voit affublé du nom de Stanislas Lecsinski (III, 4); l'effet de comique immédiat naît de l'écart entre la référence historique prestigieuse et l'humilité du personnage. L'emprunt le plus intéressant concerne sans doute Jean Sobieski, qui fut un roi de Pologne célèbre pour son embonpoint et qui peut apparaître comme un lointain cousin d'Ubu. L'empereur Alexis, qui régna jusqu'en 1676, est le fils de Michel Fédérovitch, qui apparaît dans la pièce comme l'homme du peuple qui remporte la course (II, 7)! La charge parodique est évidente : Jarry associe un tsar de Russie à un simple citoyen, procédé analogue à celui rencontré dans le cas de Stanislas Lecsinski.

On le voit, Jarry n'a pas cherché à mettre en scène des personnages historiques, bien que les noms cités renvoient tous à des personnages ayant bien existé, mais dans des pays et à des époques tellement différentes que tout effet de vraisemblance historique est immédiatement annulé, en conformité avec le projet de Jarry qui excluait toute recherche de pittoresque, de couleur locale ou de vérité historique. Pour écrire une pièce non-historique, Jarry a choisi une solution originale et efficace : au lieu d'inventer tous les noms des personnages, il a adopté bon nombre de noms historiques dont le mélange et la rencontre avec les noms fictifs dénoncent instantanément la non-historicité.

Un univers de marionnettes

Les personnages qui peuplent la pièce de Jarry ne sont pas ceux que le spectateur a l'habitude de voir mis en scène. Toutes les actions semblent mécaniques, et les dialogues sonnent toujours en porte-à-faux avec le caractère supposé sérieux des événements (trahison, assassinat, guerre). Certains personnages paraissent avoir plus de dignité et de tenue que les époux Ubu, et leurs tirades peuvent rappeler la gravité des tragédies de Racine, du *Cinna* de Corneille ou des pièces de Shakespeare. Ainsi, le Capitaine Bordure s'écrie à l'annonce du projet de complot :

> « S'il s'agit de tuer Venceslas, j'en suis. Je suis son mortel ennemi et je réponds de mes hommes. » (I, 4)

Mais quelques scènes plus loin, il s'exprimera avec la même grossièreté et la même violence qu'Ubu pour énoncer son plan d'assassinat du roi :

> « Moi, je suis d'avis de lui ficher un grand coup d'épée qui le fendra de la tête à la ceinture. » (I, 7)

De même le roi, qui prononce quelques répliques sensées et cohérentes, digne d'un drame classique (« Père Ubu, je tiens à récompenser tes nombreux services comme capitaine de dragons, et je te fais aujourd'hui comte de Sandomir », I, 6), est pourtant affublé de tares grotesques : il avoue sans vergogne son ivrognerie (I, 6) et se montre d'une imprudence fatale en négligeant les conseils avisés de la reine Rosemonde, qu'il qualifie de « sornettes » (II, 1). On trouve dans la bouche de Bougrelas le langage de la tragédie, maintenu presque tout au long de la pièce. On relira avec attention la scène 5 de l'acte II, qui comporte un monologue de Bougrelas après la mort de sa mère :

> « Eh ! qu'as-tu ? Elle pâlit, elle tombe, au secours ! Mais je suis dans un désert ! Ô mon Dieu ! son cœur ne bat

> plus. Elle est morte ! Est-ce possible ? Encore une victime du Père Ubu ! *(Il se cache la figure dans les mains et pleure.)* Ô mon Dieu ! qu'il est triste de se voir seul à quatorze ans avec une vengeance terrible à poursuivre ! *(Il tombe en proie au plus violent désespoir.)* »

Toutes les caractéristiques rhétoriques du monologue tragique sont présentes : les propositions exclamatives trahissant une émotion profonde, les interrogations oratoires, l'annonce de la vengeance à accomplir. Du point de vue de la dramaturgie, les didascalies indiquent tous les gestes et attitudes codifiant la douleur. Les chutes de registre linguistique des répliques de Bougrelas n'en sont que plus choquantes. Observant avec la reine la lutte des hommes du roi contre les partisans d'Ubu (II, 3), Bougrelas semble assister à une épreuve sportive : il encourage son frère (« Défends-toi ! Hurrah, Ladislas »), commente sa mort de façon grotesque, par le biais d'une comparaison qui annule l'horreur de la scène (« C'en est fait de lui. Bordure vient de le couper en deux comme une saucisse ») et adresse au Père Ubu des invectives qui paraissent bien faibles au regard de ses crimes (« Oh ! ce Père Ubu ! le coquin, le misérable, si je le tenais… »). On le voit, même Bougrelas n'échappe pas à la loi interne de la pièce qui transforme tous les personnages en pantins grotesques. Seule la reine Rosemonde paraît maintenir tout au long de ses rares apparitions une dignité tragique, à l'exception d'une précision absurde sur le temps qu'il lui reste à vivre : « Je suis bien malade, crois-moi Bougrelas. Je n'en ai plus que pour deux heures à vivre » (II, 5). De toute façon, on se souviendra qu'elle parle avec un fort accent du Cantal, qui rend ridicules toutes ses répliques…

D'autres éléments montrent que les personnages sont conçus comme des marionnettes de Guignol.

Dans *Ubu roi*, on s'assomme, on s'égorge dans le plus grand fracas, sans aucune raison et sans que la mort ou la violence prennent réellement effet (la Mère Ubu « déchirée » à la scène 1 de l'acte V réapparaît tout aussitôt). Sans raison et sans transition avec ce qui précède, le Père Ubu empoisonne ses invités avec le balai innommable et assomme les survivants à coups de côtes de rastron (I, 3). L'extermination de la famille royale s'apparente à un jeu de massacre, une scène de foire d'où est exclu tout effet pathétique ou tragique (II, 3). De même, la guerre est une guerre de fantoches qui annoncent et commentent bruyamment leur mort : « Saint Georges, me voilà assommé », « Cornebleu, je meurs », « Je suis mort ! » (IV, 2), tout comme le Père Ubu ne cesse de décrire les maux dont il souffre ou croit souffrir (par exemple : « Oh ! aïe ! au secours ! de par ma chandelle verte, je me suis rompu l'intestin et crevé la bouzine ! », I, 6). Les batailles de l'acte V, pour sanglantes et meurtrières qu'elles soient, sont bien des batailles de figures en papier, commentées de manière enfantine par les protagonistes : « Pif ! Paf ! en voilà quatre d'assommés par ce grand bougre de lieutenant » (IV, 4). Le lecteur contemporain ne s'étonnera pas que les onomatopées en question soient celles que l'on trouve à foison dans l'univers de la bande dessinée… De la même façon, les instruments de la guerre relèvent du gadget : le Père Ubu, monté sur un « cheval à phynances » d'une maigreur telle qu'il peut à peine porter le poids de son maître, est armé d'un « sabre à merdre », d'un « croc à finances », d'un « ciseau à oneilles », d'un « couteau à figure » (III, 8), tandis que Cotice dégaîne un « coup-de-poing explosif » (IV, 6). Tout est mascarade, déguisement de Carnaval : le Père Ubu en tenue militaire a l'air d'une « citrouille armée » (III, 8), les personnages changent de fonction : en cas de nécessité, une carcasse d'ours peut servir d'arme (V, 1) et la Mère Ubu peut faire office de prêtre (I, 7). Les apartés des personnages s'apparentent aux phrases que les personnages de Guignol adressent au public pour le faire participer et le rendre complice de l'action : ainsi la Mère Ubu avoue-t-elle ses coupables intentions après le départ de son mari : « tâchons de faire nos affaires, tuer Bougrelas et nous emparer du trésor » (III, 8).

Certains indices montrent plus clairement encore que les personnages doivent être considérés comme des marionnettes : la Mère Ubu parle de son époux comme d'un « gros pantin » (III, 8) et d'un « gros polichinelle » (V, 1), tandis que le petit mirliton offert au roi par Ubu (I, 6) renvoie explicitement au goût de Jarry pour le théâtre mirlitonesque.

4 - LA LANGUE D'*UBU ROI*

Si la pièce de Jarry peut être considérée comme véritablement révolutionnaire, c'est en grande partie parce que la langue adoptée est radicalement neuve, constamment provocante et dérangeante, littéralement inouïe.

■ Une langue monstrueuse

« Merdre » : le maître-mot de la pièce

Le mot « merdre » revient dans la pièce avec une insistance telle qu'il devient l'emblème d'*Ubu roi*, le symbole de la provocation verbale constante. Il n'apparaît pas moins de dix-sept fois dans la première scène ! C'est lui qui ouvre la pièce, avec l'ambiguïté fondamentale du destinataire de cette exclamation injurieuse : Ubu s'adresse-t-il à la Mère Ubu ou au public lui-même ? De toute façon, le résultat est sensiblement identique : les spectateurs ne peuvent que se sentir choqués, dérangés, provoqués par cette énormité, cette provocation verbale assénée dès le lever du rideau. Le mot est si caractéristique d'Ubu que dans la première scène d'*Ubu enchaîné*, c'est le silence d'Ubu qui paraît anormal et dérangeant :

PÈRE UBU

(S'avance, ne dit rien.)

MÈRE UBU

Quoi ! tu ne dis rien, Père Ubu. As-tu donc oublié le mot ?

PÈRE UBU

Mère... Ubu ! je ne veux plus prononcer le mot, il m'a valu trop de désagréments.

Le début d'*Ubu enchaîné* montre bien qu'*Ubu roi* a fait de « merdre » le mot par excellence, celui que le spectateur connaît et attend, celui qui peut être considéré comme le sésame des premières aventures d'Ubu. Par ailleurs, Jarry joue avec les attentes du lecteur, puisqu'Ubu prononce bien les premières syllabes du fameux mot, mais ce n'est qu'un leurre : il apostrophe sa femme (« Mère... Ubu »).

Il convient de remarquer que « merdre » n'est pas un « gros mot » comme les autres : par l'ajout d'un « r » supplémentaire (de manière plus scientifique, on dit qu'il s'agit d'une lettre épenthétique), le mot courant « merde » est masqué, déguisé. Les témoignages et les documents accumulés sur le séjour rennais de Jarry montrent que « merdre » est une création potachique remontant à l'époque des *Polonais.* Certains camarades de Jarry soutiennent qu'à la manière des enfants qui déforment le langage des adultes (et surtout le langage grossier et ordurier, « défendu » aux plus jeunes) pour mieux se l'approprier, les potaches du lycée de Rennes avaient ajouté un « r » à « merde » pour masquer le gros mot. Il s'agirait en quelque sorte de pouvoir dire une grossièreté sans la dire vraiment. Mais l'effet produit est loin d'être celui d'une atténuation de la grossièreté. Bien au contraire, ce « r » aberrant crée un mot monstrueux qui, au lieu de masquer la grossièreté, l'accentue, la redouble par un effet de surenchère : « merdre », en quelque sorte, permet de dire doublement « merde ». Jarry et ses camarades ont créé un mot hors normes, aussi monstrueux que les personnages qui le prononcent. Pour la genèse du mot, on peut se souvenir que Jarry, breton, ne pouvait pas ne pas connaître une localité proche de Saint-Brieuc, dont le nom, Merdrignac, a fait rire des générations d'écoliers. D'autre part, « merdre » est un phénomène linguistique isolé dans la pièce, puisqu'aucun autre mot ne se voit affublé d'un « r » surnuméraire : Jarry ne crée pas une langue, un argot propre à *Ubu roi* qui aurait banalisé le « merdre » initial. La provocation du premier mot de la pièce garde toute sa force au fil de la représentation.

La distorsion de la langue

Si le procédé de création du fameux « merdre » reste unique, en revanche nombreux sont les mots du langage courant qui subissent une distorsion, nombreuses sont les tournures qui mettent à mal la syntaxe. Lors de la scène du massacre des nobles (III, 2), Ubu fait un usage abusif et incorrect de l'adjectif possessif :

> « Eh ! je m'enrichis. Je vais faire lire MA liste de MES biens. Greffier, lisez MA liste de MES biens. »

Bien sûr, une telle faute de grammaire constitue Ubu comme un personnage odieusement narcissique et cupide. Certains mots sont presque systématiquement déformés, ainsi les oreilles qui deviennent

« oneilles » (*cf.* par exemple III, 4 et III, 7), et les jumelles des « lumelles » (IV, 5) – mais chez Rabelais, « lumelle » signifie lame. Le verbe tuer devient « tuder » (IV, 7), une déformation qui vient peut-être du provençal. Plusieurs personnages bafouillent en écorchant la langue française : dans les moments de colère, le Père Ubu dit : « Payez, ou ji vous mets dans ma poche avec supplice et décollation du cou et de la tête ! » (III, 4), où à l'erreur de prononciation du pronom personnel s'ajoute un pléonasme (« décollation du cou et de la tête ») ; ou encore : « Ji tou tue au moyen du croc à merdre et du couteau à figure », « Ji lon mets dans ma poche » (III, 8), tandis que les Palotins sont affublés d'un incorrigible défaut de prononciation : « Hon ! Monsieuye ! » (IV, 3), « Par conséiquent de quoye, le plomb la penche vers la terre et je n'ai pu extraire la balle » (IV, 5). Un simple accent circonflexe suffit à faire de la « pôche » (IV, 4) du Père Ubu une poche hors norme, extraordinaire et monstrueuse. De nombreux mots subissent des altérations orthographiques uniquement perceptibles à la lecture : il en va ainsi de la « finance » qui devient « phynance » (par exemple, III, 7).

Cette modification orthographique est courante dans le milieu potachique qui a tendance à « helléniser » de nombreux mots commençant par « f » ou « ph » : la philosophie peut devenir « φlo », la finance « φnance » ou « phynance » comme dans *Ubu roi* (c'est par un procédé similaire que les élèves littéraires aux genoux cagneux préparant l'École normale supérieure, comme Jarry, sont devenus des « khâgneux »). Le phénomène de déformation de la langue affecte même le nom de la Mère Ubu, que dans son sommeil le Père Ubu appelle « la Rbue » (IV, 7), une contraction monstrueuse qui rappelle nécessairement le mot « rebut ».

Les trouvailles linguistiques

Si la langue d'*Ubu roi* est monstrueuse, c'est aussi parce qu'elle fourmille de néologismes incongrus et grotesques, qui, par association d'idées ou de phonèmes, constituent presque tous des insultes ou des termes orduriers.

On s'interroge encore sur ce que sont les « côtes de rastron », mais sans doute ne faut-il pas chercher le « sens » exact du mot qui, par association d'idées, semble désigner une sorte de rat. Quant au juron « jarnicotonbleu » (I, 5), il résulte sans doute du mélange de plusieurs interjections régionales ou archaïques («jarnicoton», «jarnidieu», «palsambleu»). Plusieurs néologismes désignent la panse d'Ubu, « bouzine » (I, 6) et « gidouille ». On peut trouver le premier chez Rabelais, où il désigne une cornemuse. Par métonymie, la « bouzine » est tout à fait propre à désigner le ventre énorme et rond du Père Ubu. « Bouzine » entraîne quelques variantes, comme la « boudouille » (II, 4), qui paraît une sorte de mixte de « bouzine » et de « gidouille », un terme qui serait une dérivation lointaine d'un autre vocable rabelaisien (la « guedoufle », sorte de bouteille pansue). Il est à noter de toute façon que la terminaison « ouille » est riche d'effets comiques, puisqu'elle appelle le souvenir de mots en « ouille » désignant des réalités sexuelles ou des objets de forme phallique, telle l'andouille que l'on retrouve si souvent dans *Ubu roi.* «Gidouille» engendre la variante « giborgne » (V, 1) et le juron « cornegidouille » (III, 3). Quant à « bouffre » (II, 6) et à sa forme féminine « bouffresque » (III, 2), il s'agit d'une création associant la bouffe, la bouffissure, et le terme « bougre » (une autre insulte récurrente dans la pièce). La déformation de salop en « salopin » (III, 4), dont la terminaison évoque gredin, vaurien et sagouin, mais aussi Palotin, permet d'obtenir une rime avec « voiturin » : « Allons, messeigneurs les salopins de finance, voiturez ici le voiturin à phynances. »

■ Une langue constamment choquante

Les jeux de contraste

Le caractère novateur et déconcertant de la langue d'*Ubu roi* tient en grande partie à l'affrontement permanent de plusieurs registres qui cohabitent sans conciliation possible. Aux néologismes étudiés plus haut s'opposent de nombreux archaïsmes morphologiques, lexicaux ou syntaxiques, qui contribuent aussi à la création d'une langue précieuse radicalement incompatible avec la grossièreté constante de la plupart des répliques. Parmi les archaïsmes, soulignons l'usage fréquent de la forme rabelaisienne « estes » : « vous estes un fort grand voyou » (I, 1), « Père Ubu, vous estesvous fait mal ? » (I, 6). On trouve presque systématiquement l'adverbe archaïque et soutenu « fort » à la place de « très » : « manger fort souvent de l'andouille » (I, 1), « j'ai fort mal dîné » (I, 3), « fort gueux » (I, 4), « un rocher fort haut » (IV, 6), etc. Le cachet précieux donné à l'expression par l'emploi de cet adverbe permet des téléscopages comiques avec la vulgarité du lexique, comme par exemple dans l'acte I, scène 4 :

PÈRE UBU

Eh bien, capitaine, avez-vous bien dîné ?

CAPITAINE BORDURE

Fort bien, monsieur, sauf la merdre.

Soulignons d'autres expressions archaïsantes : « *pourfendre* le roi », « il faut jurer de nous *escrimer vaillammant* » (I, 7), « il t'en cuira » (III, 1), « *Sire*

Soldat », « *Sire* Lancier » (IV, 3), « Courage, *sire* Ubu » (V, 2), « *Monsieur de Ubu* est un *fort bon gentilhomme* » (II, 1). De plus, l'exclamation ubuesque par excellence, « *de par* ma chandelle verte », mêle à un juron inventé une tournure exclamative soutenue (sur le même modèle, on a : « Ouvrez, *de par* ma merdre, par saint Jean, saint Pierre et saint Nicolas ! », III, 4). Sur le plan syntaxique, on sera sensible aux nombreuses inversions : « que ne vous assom'je » (I, 1), « je te vais arracher les yeux » (I, 2). Le « couple royal » utilise tantôt le tutoiement, tantôt le vouvoiement distingué. En outre, le Père Ubu emploie volontiers le pluriel de majesté : « Nous allons périr, car nous mourons de soif et sommes fatigué » (IV, 3). Mais Ubu parle aussi de soi à la troisième personne : « Vous pouvez vous flatter que si vous êtes encore vivants et si vous foulez encore la neige de Lithuanie, vous le devez à la vertu magnanime du Maître des Finances, qui s'est évertué, échiné et égosillé à débiter des patenôtres pour votre salut » (IV, 1). Ubu mêle parfois ces deux façons de parler de soi, au point que se créent des expressions hybrides absurdes : « nous l'ici présent Maître des Phynances » (IV, 4). Enfin, plusieurs tournures relèvent d'une syntaxe élégante, recherchée et raffinée, immédiatement contredite par la trivialité du vocabulaire : « Que le bâton à physique travaille d'une généreuse émulation et partage avec le petit bout de bois l'honneur de massacrer, creuser et exploiter l'Empereur moscovite » (IV, 4).

Une grossièreté spécifique

La langue d'*Ubu roi* frappe par sa trivialité et son insistante grossièreté. Un bref inventaire des expressions vulgaires, triviales ou populaires rendra compte de la spécificité du langage ubuesque : « cul », « fiole », « foutre », « merdre », « intestin », « charogne »,

« sagouin », « bougre », « goinfre », « pourceau », « il peut bien se brosser le ventre » (III, 1), « vous vous fichez de moi » (III, 2), « voici l'occasion de se tirer des pieds » (IV, 4), « j'en fais dans ma culotte » (V, 2), etc. La récurrence du mot « merdre » donne naissance à des expressions d'une incongruité sidérante : « bougre de merdre, merdre de bougre » (I, 1), « grosse merdre » (I, 4), « Madame de ma merdre » (III, 7), « garçon de ma merdre » (IV, 3), etc. Un nombre incalculable d'insultes en tout genre émaillent la pièce ; nous nous bornerons à signaler les plus originales : « chenapans, sacs à vin, sagouins payés » (II, 4), « Oiseau de nuit, bête de malheur, hibou à guêtres ! » (IV, 3), « révoltante bourrique » (IV, 6). Certains chapelets d'insultes jouent à la fois sur une effet d'accumulation et sur une recherche de rimes, et on relira surtout l'acte V, scène 2 :

BOUGRELAS, *le frappant.*

Tiens, lâche, gueux, sacripant, mécréant, musulman !

PÈRE UBU, *ripostant.*

Tiens ! Polognard, soûlard, bâtard, hussard, tartare, calard, cafard, mouchard, savoyard, communard !

MÈRE UBU, *le battant aussi.*

Tiens, capon, cochon, félon, histrion, fripon, souillon, polochon !

Mais il s'agit avant tout de comprendre la nature profonde de la grossièreté dans *Ubu roi* : elle est parfaitement gratuite et constante. Les personnages en font un usage systématique, qui ne correspond pas à un débordement, un écart de langue sous l'emprise de la colère ou de l'émotion. La grossièreté est totalement banalisée dans *Ubu roi* ; elle n'est pas le propre des époux Ubu, puisque par un effet de contamination générale, tous les personnages de la pièce s'expriment comme Ubu. Cette généralisation d'un langage qui devrait rester exceptionnel, extraordinaire, réservé à quelques moments d'oubli de soi et du bon goût, contribue à rendre la pièce particulièrement choquante et déroutante. Les amateurs de théâtre en 1896 avaient déjà entendu sur scène des « gros mots », des insultes et des allusions scatologiques ou sexuelles : depuis toujours, la langue verte et le registre familier font partie des ressorts de la comédie. On songera à Molière, mais aussi, à la fin du XIXe siècle, à Courteline et à Feydeau. Mais la trivialité et la vulgarité dans *Ubu roi* ont un statut bien différent, comme le souligne Gérard Damerval dans « *Ubu roi* ». *La bombe comique de 1896* (voir Bibliographie, p. 126) : la grossièreté des personnages « ne semble pas traduire des émotions, mais plutôt un état de fait, une coloration permanente de l'âme, qui nous est proposée comme l'image de la nôtre ».

3

THÈMES

1 - LE COMIQUE DANS *UBU ROI*

■ L'allusion littéraire et la parodie

Ubu roi est l'œuvre de lycéens pétris de culture classique et prompts à la détourner à des fins humoristiques. La réminiscence d'œuvres littéraires et la parodie sont des composantes essentielles de l'esprit potachique. Avant même que la pièce ne commence, l'intention parodique éclate, dans le titre et la dédicace. Le titre de la pièce reprend et détourne celui d'une tragédie de Sophocle, *Œdipe roi*, tout comme *Ubu enchaîné* fait écho au *Prométhée enchaîné* d'Eschyle. La dédicace de Jarry à l'ami Marcel Schwob évoque la figure de Shakespeare tout en adoptant un style archaïque aux échos rabelaisiens :

> « Adonc le Père Ubu hoscha la poire, dont fut depuis nommé par les Anglois Shakespeare, et avez de lui sous ce nom maintes belles tragœdies par escript. »

Certaines répliques peuvent être lues comme des réécritures farcesques de Racine. Ainsi, l'exclamation de la Mère Ubu (V, 1), qu'une mise en valeur typographique présente explicitement comme une (fausse) citation : « Grâce au Ciel j'entrevoi / Monsieur le Père Ubu qui dort auprès de moi », rappelle les vers suivants d'*Andromaque* : « Quelle horreur me saisit ? Grâce au Ciel j'entrevoi / Dieux ! Quels ruisseaux de sang coulent autour de moi » (V, 5, v. 1227-1228). Le monologue de la Mère Ubu au début de cette même scène était déjà riche d'un vocabulaire et d'une syntaxe au carrefour de la tragédie et de l'épopée (« Je manque mille fois périr, étouffée dans un cercle de Polonais acharnés à me perdre »), dont plusieurs expressions ridiculisaient la solennité (« je voudrais bien savoir ce qu'est devenu mon gros polichinelle, je veux dire mon très respectable époux »). On peut relever de nombreuses expressions constituant de probables échos de la tradition française : l'expression « bien tuer le Roi » (I, 7), avec sa variante « tue bien le Czar » (III, 8), pourrait être un emprunt au *Dom Juan* de Molière : « Ne l'ai-je pas bien tué ? » (I, 2). Les nombreuses répliques du Père Ubu se croyant à l'article de la mort ne sont pas sans rappeler *L'Avare* de Molière. On peut ainsi confronter ce passage de l'acte IV, scène 1 d'*Ubu roi* : « Ah ! Oh ! je suis blessé, je suis troué, je suis perforé, je suis administré, je suis enterré », avec les exclamations d'Harpagon : « Juste Ciel ! Je suis perdu, je suis assassiné, on m'a coupé la gorge… » ; « Je n'en puis plus, je me meurs, je suis mort, je suis enterré » (IV, 7). Le procédé comique à l'œuvre chez Molière, l'accumulation avec gradation ascendante, s'avère d'autant plus efficace dans *Ubu roi* qu'il s'enrichit d'un jeu d'écho, d'une dimension parodique. Le monologue de la Mère Ubu dans la « crypte des anciens rois de Pologne » (IV, 1) n'est pas sans rappeler un épisode d'*Hernani*, où Victor Hugo met en scène Don Carlos dans une crypte renfermant le tombeau de Charlemagne.

Mais Jarry et ses camarades, plus qu'à la tradition française, empruntent à Shakespeare, et tout particulièrement à *Macbeth*. Le projet de Bordure de donner au roi « un coup d'épée qui le fendra de la tête à la ceinture » (I, 7) rappelle le geste de Macbeth qui a « fendu » Mac Donald « depuis la tête jusqu'au nombril », comme le rapporte un soldat (I, 2). De même, l'équipement militaire du Père Ubu : « Ah ! Mère Ubu, donne-moi ma cuirasse et mon petit bout de bois » (III, 8) est une reprise parodique d'un ordre de Macbeth : « Venez, revêtez-moi de mon armure. Donnez-moi mon bâton de commandement » (V, 3). Plus généralement, certaines situations d'*Ubu roi* rappellent des pièces de Shakespeare : depuis la première scène qui évoque précisément *Macbeth* (puisque chez Shakespeare, c'est bien une femme, Lady Macbeth, qui donne l'impulsion de la trahison), jusqu'à l'apparition des ancêtres de Bougrelas, que l'on peut aisément rapprocher d'*Hamlet*. On trouverait aussi dans le *Jules César* de Shakespeare des scènes de rêves et de spectres, reproduites et déformées dans les deux derniers actes d'*Ubu roi*.

Sans allusion précise à une œuvre donnée, certaines répliques parodient des genres entiers. Le récit de bataille que livre le Père Ubu à l'acte IV, scène 4, mime le langage de l'épopée en le surchargeant jusqu'à l'absurde :

> « [...] nous n'avons dû notre salut qu'à notre habileté comme cavalier ainsi qu'à la solidité des jarrets de notre cheval à finances, dont la rapidité n'a d'égale que la stabilité et dont la légèreté fait la célébrité, ainsi qu'à la profondeur du fossé qui s'est trouvé fort à propos sous les pas de l'ennemi de nous l'ici présent Maître des Phynances. »

On retiendra surtout l'éloge funèbre prononcé par le Père Ubu en mémoire de Rensky :

> « Ainsi que le coquelicot et le pissenlit à la fleur de l'âge sont fauchés par l'impitoyable faux de l'impitoyable faucheur qui fauche impitoyablement leur pitoyable binette, – ainsi le petit Rensky a fait le coquelicot ; il s'est fort bien battu cependant, mais aussi il y avait trop de Russes. » (IV, 5)

La comparaison, de facture homérique, prend les formes les plus ridicules : médiocrité du comparant (des fleurs des champs), jeu sur le propre et le figuré (la fleur de l'âge), absurdité des répétitions, chute de registre linguistique (binette), excessive lourdeur de la syntaxe, etc. Ailleurs, c'est le vocabulaire religieux qui se voit tourné en dérision : Ubu se vante d'avoir manié avec autant de courage « le glaive spirituel de la prière » que ses acolytes ont manié avec adresse « le temporel de l'ici présent Palotin Cotice coup-de-poing explosif » (IV, 6). La Mère Ubu, qu'on a déjà vue faire office de prêtre (I, 7), tente de se faire passer pour une apparition, et ses propos apocalyptiques ne sont pas sans rappeler la rigueur des sermons de Bossuet :

> « [...] la trompette de l'archange qui doit tirer les morts de la cendre et de la poussière finale ne parlerait pas autrement ! Écoutez cette voix sévère. C'est celle de saint Gabriel qui ne peut donner que de bons conseils. » (V, 1)

Enfin, la parodie touche la représentation du pouvoir : le couple Ubu sert à ses invités un repas des plus fantaisistes (I, 3), où se mêlent des mets traditionnels (la bombe, la salade, du veau, etc.), des plats humbles ou franchement répugnants (topinambours, pâté de chien, croupions de dinde) et des nourritures imaginaires (les côtes de rastron, les choux-fleurs à la merdre) ; les insignes du Roi Ubu sont un croc-à-merdre et un bâton-à-physique, tandis qu'il récolte les impôts avec une légion de Grippe-Sous (III, 3) ; le bâton de commandement des armées devient un dérisoire « petit bout de bois » (III, 8), et la nature du souverain se réduit à l'aspect économique : il est avant tout le « Maître des Finances ».

■ Le comique de langage

On a déjà évoqué plus haut les heurts de niveaux de langue qui provoquent des effets comiques, et la grossièreté constante des dialogues, phénomène nouveau au théâtre qui ne peut manquer de susciter un rire libérateur : c'est le plaisir transgressif d'entendre à satiété « merdre ». Mais le comique de langage dans *Ubu roi* prend également des formes élaborées qui méritent une analyse plus détaillée.

Les jeux de mots et les calembours

La pièce compte quelques jeux de mots, volontairement stupides et épais. Certaines répliques jouent sur le passage du sens propre d'un mot au sens figuré ; la Mère Ubu réprimande ainsi son mari qui a dérobé des rouelles de veau destinées aux invités : « Ah ! le veau ! le veau ! veau ! Il a mangé le veau ! » (I, 2). On passe de la désignation concrète de la viande (le veau) à l'insulte accusant un être bête et vil (veau). On trouve un jeu de mots (calamiteux) quelques scènes plus loin (I, 5) reposant sur le même procédé :

MÈRE UBU, *courant après lui.*

Oh ! Père Ubu, Père Ubu, je te donnerai de l'andouille.

Elle sort.

PÈRE UBU, *dans la coulisse.*

Oh ! merdre ! tu en es une fière, d'andouille.

Les jeux sur le double sens des mots sont fréquents, ainsi dans le dialogue entre les époux Ubu (III, 1), où le verbe « cuire » est employé par la Mère Ubu dans un sens figuré (« il t'en cuira », c'est-à-dire « tu t'en repentiras »), puis est repris implicitement au sens propre par le Père Ubu : « Eh bien, tu seras avec moi dans la marmite. » Parmi de nombreux autres exemples, citons encore la réplique d'Ubu : « Si encore il y avait moyen de s'en aller, mais pas du tout, nous sommes sur une hauteur et nous serons en butte à tous les coups » (IV, 3), où l'expression « être en butte » (être exposé) se confond avec le fait d'être sur une butte (une hauteur)... Jouant aussi sur les associations phonétiques, le titre de la version abrégée des aventures d'Ubu sera précisément *Ubu sur la butte*. Dans la dernière scène (V, 5), les jeux de mots fusent, nés de l'incompétence d'Ubu en matière de vocabulaire maritime (« Nous devons faire au moins un million de nœuds à l'heure, et ces nœuds ont ceci de bon qu'une fois faits ils ne se défont pas » ; « amenez le grand coq et allez faire un tour dans les pruniers », etc.).

On trouve encore dans *Ubu roi* une série de calembours, tout aussi consternants, qui mettent à mal les références à la culture classique : dans sa bêtise et son ignorance, Ubu transforme le combat des Horaces et des Curiaces en combat des voraces et des coriaces (V, 1), prend le cheval de Troie pour un cheval de bois (« Quel ventre, messieurs ! Les Grecs y auraient été plus à l'aise que dans le cheval de bois », IV, 6), et comprend de travers l'allusion de son épouse à la Vénus de Capoue (« Qui dites-vous qui a des poux ? », V, 1).

Procédés phonétiques

Le comique de langage tient aussi à l'emploi de nombreuses interjections et onomatopées (« vrout », « oh / eh / ah », « aïe », « pif paf pan », « ouf »,

« hon », « fi », « pouah », etc.) qui contribuent à rythmer le texte par des répétitions et accentuent le caractère inarticulé, incohérent des dialogues. La plupart des insultes dans *Ubu roi* se présentent sous la forme de séries, et au comique de répétition, à l'effet de liste, s'ajoute souvent la recherche de rimes cocasses. Les allitérations peuvent également intensifier l'effet comique des insultes : « madame de ma merdre ».

Les incorrections

Parmi les nombreuses mises à mal que subit la langue dans *Ubu roi*, signalons encore de véritables fautes de français qui prêtent à rire : l'usage impropre de l'adjectif possessif (« MA liste de MES biens », III, 2), la mutilation de locutions figées (« il gèle à pierre à fendre », IV, 4), l'abondance des pléonasmes (« dépêchez-vous plus vite », III, 2, « décollation du cou et de la tête », III, 4, « descendre en bas », « fantassins à pied », IV, 3).

■ Le comique visuel

Les procédés visuels tiennent une place importante dans le comique d'*Ubu roi*. On se reportera à ce qui a été dit des costumes, des accessoires et des décors, qui souvent contredisent le texte et produisent des effets de distorsion comiques (la tenue de Bougrelas, l'armée représentée par une poignée d'acteurs seulement). À l'aspect visuel s'ajoute une recherche d'effets sonores : *Ubu roi* est une pièce particulièrement bruyante, où la confusion règne presque en permanence. Relevons quelques indications scéniques caractéristiques : *« Une effroyable clameur se fait entendre au dehors »*, *« La clameur augmente »* (II, 3), *« Ils partent en se culbutant. Cris et tumulte »*, *« On entend le bruit de l'orgie »* (II, 7), *« bruit des fanfares »* (III, 8), *« trompettes »* (IV, 2), *« coup de revolver »* (IV, 4), *« Au milieu des cris des*

Palotins, l'Ours *beugle de douleur et* Ubu *continue à marmotter* » (IV, 6), « *Grand bruit à l'entrée de la caverne* » (V, 2). Enfin, la pièce se clôt par une chanson entonnée à tue-tête. Tout concourt à faire d'*Ubu roi* une pièce étourdissante, et les procédés visuels (mêlée grotesque de l'armée, affrontement grandguignolesque de personnages) sont étayés par le recours aux effets sonores.

On trouvera aussi dans la pièce des exemples plus traditionnels de comique de geste : Ubu manque d'enfoncer sa chaise, (I, 2), lance le balai des cabinets sur ses invités, les assomme à coups de côtes de rastron (I, 3), tombe à plusieurs reprises (I, 6 ; III, 8), pleure et sanglote (III, 7). Dans la dernière scène, les procédés de comique visuel et gestuel sont particulièrement nombreux, puisque les personnages manœuvrent l'embarcation et sont ballottés par les flots comme des marionnettes.

■ Le comique de situation

Plusieurs répliques, plusieurs situations sont construites de manière à faire rire. C'est le cas de la scène du festin donné chez les Ubu, qui repose sur un effet de renversement absurde : à peine le repas servi aux convives, Ubu les empoisonne et les chasse, sans aucune raison (ce sont les hommes de Bordure et ils pourraient donc être mis au fait de la conspiration). On pensera aussi aux nombreuses scènes de disputes conjugales, à la scène de l'ours durant laquelle Ubu reste perché sur son rocher, à la colère du Père Ubu qui s'est laissé prendre au stratagème grossier de sa femme « déguisée » en apparition. Citons certaines répliques parfaitement incohérentes, voire franchement absurdes, car elles viennent contredire la situation d'énonciation : « Mère Ubu, tu es bien laide aujourd'hui. Est-ce parce que nous avons du monde ? » (I, 2), « Quelle neige, mes amis, on se dirait en Castille ou au Pôle Nord » (IV, 6) ou encore, à l'acte II, scène 7 :

MÈRE UBU

Il est vrai que c'est horrible. Pouah ! en voilà un qui a le crâne fendu.

PÈRE UBU

Quel beau spectacle !

Le plus haut degré d'absurdité dans le comique de situation est atteint dans la scène 6 de l'acte IV, lorsqu'Ubu se propose d'allumer du feu en attendant que Cotice apporte du bois !

■ Le comique de répétition

La pièce repose en grande partie sur des phénomènes de répétition, notamment linguistiques : le vocabulaire ubuesque y est martelé avec insistance, les mêmes insultes et les mêmes interjections reviennent sans cesse (« Cornegidouille », « de par ma chandelle verte, bougre, bouffre », etc.). Mais la répétition structure également en profondeur certaines scènes. Nous nous bornerons ici à commenter la scène 2 de l'acte III. Il s'agit d'un véritable jeu de massacre auquel se livre Ubu, dans la plus pure tradition du Guignol. Jarry et ses camarades ont mis en place une véritable machine comique reposant sur la répétition, puisque l'exécution de chaque noble et de chaque magistrat suit le même schéma minimaliste : après une question sur l'identité et l'état de la fortune, Ubu fait tomber les candidats au décervelage dans les sous-sols du Pince-Porc et de la Chambre-à-Sous, au cri de « Dans la trappe ». Chaque noble est différent, mais le schéma reste le même, broyant impitoyablement les personnages, totalement réifiés, réduits à l'état de choses aux mains d'Ubu. Les protestations des financiers – elles-mêmes répétitives – auront pour seul effet de les faire massacrer de la même manière. C'est le triomphe de l'imposture : par la folie d'un seul homme, la noblesse, les lois et l'économie sont abolies. On se souviendra de la définition du comique donnée par le philosophe Bergson (dont Jarry a suivi les cours au lycée Henri-IV) : « du mécanique plaqué sur du vivant », qui trouve ici une parfaite illustration.

■ Un rire d'un genre particulier

On ne rit pas à une représentation d'*Ubu roi* comme on rit à une pièce de Molière. Le comique mis au point par Jarry et ses camarades est d'une nature bien particulière, puisqu'il s'agit de faire rire de ce qu'il y a de plus noir, de plus sordide : l'usurpation, la mort, le sang, les excréments, la folie, la prise de pouvoir d'un homme guidé par les instincts les plus bas. Mais le comique de la pièce repose sur une telle exagération, une telle surenchère, un tel gigantisme (monstruosité de la physionomie d'Ubu, énormité de ses appétits, enflure illimitée de sa bêtise et de sa violence) que le comique échappe à tout jugement moral. C'est le règne de la transgression absolue, il est permis de rire de tout, même (et surtout) des choses les plus graves et les plus tristes. Tout est gratuit et sans fond, la pièce répudie définitivement la morale et les scrupules (« Qui t'empêche de massacrer toute la famille et de te mettre à leur place ? », I, 1 ; « le mauvais droit ne vaut-il pas le bon ? », III, 1). Le comique d'*Ubu roi* n'est pas un comique à base de situations cocasses et de bons mots ; il est bien différent d'un comique à la Molière, comme le souligne Gérard Damerval :

> « Quant au tumulte, aux cris, à l'agitation, le spectateur ne peut pas en rire comme il a ri des coups de bâton donnés avec déférence à Sganarelle par Valère et Lucas,

ou des disputes de Monsieur et Madame de Jourdain. En effet, la violence pure, allant jusqu'au sang [...] dénature les procédés comiques utilisés. »

(*« Ubu roi ». La bombe comique de 1896*, Paris, Nizet, 1984)

Si le spectateur rit, c'est donc d'un rire noir, dérangé, mal à l'aise. Jarry était du reste parfaitement conscient du caractère déconcertant de la pièce. Il a écrit, après les premières représentations, un article, « Questions de théâtre » (paru dans *La Revue blanche* du 1er janvier 1897) dans lequel on peut lire :

« Vraiment il n'y a pas de quoi attendre une pièce drôle et les masques expliquent que le comique doit en être tout au plus le comique macabre d'un clown anglais ou d'une danse des morts. »

2 - LES APPÉTITS ET LES INSTINCTS

■ Manger, digérer, expulser

On l'a déjà dit, le Père Ubu obéit aux appétits les plus grossiers et ne suit d'autre loi que celle de sa « bouzine ». L'ingestion, la digestion et l'expulsion sont trois fonctions essentielles de son être. La nourriture tient une place prépondérante dans *Ubu roi* : il s'agit de renverser Venceslas et de conquérir le pouvoir afin de « manger fort souvent de l'andouille » (I, 1). La scène du repas offert par les Ubs illustre l'appétit insatiable du Père Ubu qui dévore sans discernement un poulet, une rouelle de veau (I, 2), de la soupe polonaise, des croupions (I, 3) et trouve même que « la merdre n'était pas mauvaise » (I, 4). Ubu est véritablement un géant au ventre démesuré (« Sapristi, de par ma chandelle verte, je suis pourtant assez gros », I, 3), un « goinfre » (IV, 6), ou, mieux, un ogre comme ceux que l'on rencontre dans les légendes et les contes pour enfants : il est significatif qu'il menace de faire passer la Mère Ubu « par la casserole » (I, 1) et d'aiguiser ses dents contre ses mollets (I, 3). La scène de l'ours (IV, 6) est tout aussi importante, puisqu'elle met en scène toutes les préoccupations liées à la nourriture : la quantité (« Voici une grosse bête. Grâce à moi, vous avez de quoi souper »), la cuisson, la faim (« Je meurs de faim », « Hâtez-vous tous les deux ! Embrochez la bête, cuisez la bête, j'ai faim, moi ! »). L'appétit du Père Ubu est si effréné qu'il serait prêt à engloutir l'ours tout cru. On relèvera encore une réflexion d'Ubu liée au souci de fonctions digestives bien accomplies : « il aurait mieux valu le manger chaud. Ceci va procurer une indigestion au Maître des Finances. » Ce n'est pas un hasard si une orgie vient consacrer la prise de pouvoir d'Ubu (II, 7), et si l'armée d'Ubu se laisse surprendre par l'attaque russe, l'illustre général ayant ordonné de manger (« Alors, nous allons dîner, car les Russes n'attaqueront pas avant midi », IV, 3). Corollaire « naturel » des appétits, le goût immodéré de la boisson caractérise plusieurs personnages : Ubu bien sûr, « rond » à tous les sens du terme, véritable outre pleine (« Oui, je suis saoul, c'est parce que j'ai bu trop de vin de France », I, 6 ; « Oh ! ma bouteille », IV, 4), mais le Roi aussi avoue son penchant pour la boisson (I, 6), et la Mère Ubu n'est ni plus ni moins une ivrogne, qui a cessé de boire depuis que son époux a pris la clé de la cave (« Avant, à sept heures du matin elle était ronde et elle se parfumait à l'eau-de-vie. [...] Mais maintenant il n'y a plus que moi à être rond ! », V, 1). Dans la dernière scène, on ne s'étonnera pas de voir les survivants s'installer à boire (V, 4), juste point d'orgue des aventures ubuesques. Bien sûr, l'ivresse aussi est marquée du sceau de l'excès : il s'agit bien de boire « jusqu'à la mort », comme le dit Ubu dans son sommeil (IV, 7). Comme toujours dans la pièce, la satisfaction des besoins biologiques, loin d'être liée au plaisir, participe du cycle qui conduit à la mort et déclenche un rire macabre.

L'obsession des excréments constitue le pendant logique des appétits démesurés d'Ubu. Nous ne reviendrons pas sur la nature essentiellement scatologique du vocabulaire ubuesque, dont les deux pôles fondamentaux sont la « merdre » et les « intestins » (la « giborgne » et ses équivalents). La « pôche » d'Ubu peut également être considérée comme le prolongement intestinal de son énorme ventre : en faisant passer ses ennemis dans sa poche, Ubu les ingère et les digère. Citons encore quelques répliques qui illustrent la fixation scatologique d'Ubu : « Dites aux soldats, seigneur Général, de faire leurs besoins et d'entonner la Chanson à Finances » (IV, 3), ou encore le dialogue entre Pile et Ubu qui repose sur un jeu de mot scatologique (fuite / retraite et fuite / diarrhée) :

PILE

Hon ! Monsieuye Ubu, êtes-vous remis de votre terreur et de votre fuite ?

PÈRE UBU

Oui ! je n'ai plus peur, mais j'ai encore la fuite.

On relira aussi la Chanson du décervelage, où il s'agit de « flanque[r] par la gueule un bon gros paquet de bouse » à un voleur et où une « gigantesque merdre [...] s'aplatit sur l' nez du Palotin »...

La pièce fait admirablement coïncider l'ingestion et l'expulsion, puisqu'Ubu et ses invités se délectent de « choux-fleurs à la merdre » (I, 2) : il se crée ainsi un cycle parfait et clos, qui permet d'expulser ce que l'on mange et de manger ce que l'on expulse, à l'infini.

Il convient de noter par ailleurs qu'à côté de l'obsession fécale, parfaitement évidente, les allusions obscènes sont peu nombreuses dans *Ubu roi*. Toutefois, plusieurs éléments peuvent être considérés comme des symboles phalliques (du bâton-à-physique à la chandelle verte en passant par le petit bout de bois et les « cornes-au-cul » de la Chanson du décervelage), et le nom « Palotin » dérive sans doute de « pal ». Le texte de *César-Antechrist* explicitera le contenu sexuel de ces mots, qui reste dans *Ubu roi* assez flou. Mais il faut bien admettre que la thématique scatologique est nettement prépondérante. Du reste, on ne s'étonnera pas non plus que la « phynance » soit à côté de la « merdre » l'autre obsession d'Ubu : sans entrer dans une lecture psychanalytique de la pièce, rappelons que Freud a montré comment l'or peut constituer un substitut de la matière fécale (et vice versa) dans l'inconscient, notamment lors de l'élaboration des rêves. Il est donc tout naturel de retrouver l'appétit d'argent et la thématique excrémentielle étroitement liés dans une œuvre qui reflète les pulsions universelles de l'homme.

■ La violence

Le Père Ubu laisse libre cours à ses pulsions meurtrières et la pièce tout entière apparaît comme un sinistre jeu de massacre où le goût du sang n'est freiné par aucun scrupule, aucune valeur morale. Dans *Ubu roi*, les morts et les massacres, les actes de violence sur scène sont légion : « *Plusieurs goûtent et tombent empoisonnés* » (I, 3), « *Tous frappent le Roi* » (II, 2), « *Il lui fend le crâne* » (II, 4), « *Il fait le moulinet avec son épée et en fait un massacre* », « *Il lui découd la boudouille d'un terrible coup d'épée* » (II, 5), « *Une lutte s'engage* » (III, 5), « *il dégaine et se précipite faisant un carnage épouvantable* » (IV, 2), « *Il le déchire* », « *Il l'assomme* », « *il fait un massacre de Polonais* », « *Il se rue sur lui et le déchire* » (IV, 4), Pile, après son combat contre l'ours est « à moitié mangé et mordu de toutes parts » (IV, 6), etc.

Comme l'a montré l'étude de la scène des Nobles, la violence est purement gratuite et totalement répétitive. Bien souvent, elle manifeste une hypertrophie du moi (chez le Père Ubu) et une complaisance sadique. La liste exhaustive des supplices qu'Ubu entend faire subir à sa femme (V, 2) rend le spectateur complice de cette jubilation à dire l'horreur et à faire souffrir. Il n'est pas anodin que la pièce s'achève sur la Chanson du décervelage qui évoque la pratique des exécutions publiques, en poussant à l'extrême le luxe de détails sanglants (« voyez la cervelle sauter », « pour ne pas salir mes godillots dans le sang », « ma femme et moi nous somm's tout blancs de cervelle »). À la fin du XIXe siècle, le spectacle des exécutions était effectivement très prisé, et Jarry se joue des tendances sadiques de la foule.

■ Le biologique et l'universel

Par cette exhibition des instincts les plus bas et les plus féroces de l'homme, la pièce atteint à une vérité universelle. Tout comme l'anachronisme permet de donner une dimension éternelle aux personnages et à leurs aventures, le biologique, par son caractère cyclique, met à nu les constantes universelles (les plus noires, les plus infâmes) de l'âme humaine. Jarry, dans le *Programme d'« Ubu roi »* (brochure distribuée aux spectateurs le soir de la première), écrit : « M. Ubu est un être ignoble, ce pourquoi il nous ressemble (par en bas) à tous », et, plus loin, il ajoute :

> « Ubu parle souvent de trois choses, toujours parallèles dans son esprit : la *physique*, qui est la nature comparée à l'art, le moins de compréhension opposé au plus de

cérébralité, la réalité du consentement universel à l'hallucination de l'intelligent ; [...] – et parallèlement, la *phynance*, qui sont les honneurs en face de la satisfaction de soi pour soi seul ; [...] — et parallèlement, la *Merdre.* »

Jarry ne commente pas ce dernier élément de la triade ubuesque, dont le caractère universel est évident (il est significativement le seul à se voir gratifié d'une majuscule).

3 – LA CIRCULARITÉ D'*UBU ROI*

■ La répétition à l'infini

L'une des originalités qui doivent retenir l'attention est le caractère cyclique de la pièce, tant du point de vue de sa structure que du point de vue des thématiques. On a déjà dit que la pièce s'achève non sur le rétablissement d'un pouvoir légitime, mais sur le départ d'Ubu pour de nouvelles terres, de nouvelles péripéties qui reproduiront à n'en pas douter l'horreur de ses aventures comme roi de Pologne. Jarry évacue en dernière instance un véritable dénouement, et refuse de sanctionner une quelconque philosophie de l'histoire. L'aventure d'Ubu est destinée à se reproduire à l'infini.

■ Ubu : l'alpha et l'oméga

D'autres éléments viennent corroborer cette circularité : Ubu est un personnage tout rond, comme un œuf ou un ovule (Jarry lui-même le décrit ainsi dans la conférence prononcée à la création d'*Ubu roi*, et publiée ensuite le 1er janvier 1897 par le *Mercure de*

France) : il représente l'origine de toute origine, le cosmos intemporel. Si la thématique de l'ingestion et de la fécalité est développée avec tant d'insistance, c'est pour accentuer cette universalité cyclique, cette répétition à l'infini des mêmes besoins et des mêmes pulsions. En outre, le nom d'Ubu dit à merveille cette circularité : c'est un palindrome, c'est à dire un mot susceptible d'être lu dans les deux sens. On ne s'étonnera pas, dès lors, de la réversibilité de certains jurons du Père Ubu : « bougre de merdre, merdre de bougre » (I, 1). Henri Béhar (voir Bibliographie, p. 125) note toute la puissance incantatoire de ce nom emblématique réversible :

> « La gloire d'*Ubu roi* vient d'abord de la découverte d'un nom magique, nom-écrin, unité phonique primitive, parfaitement équilibrée, symétrique par rapport à son axe, lisible de gauche à droite ou de droite à gauche, se prêtant à certaines modifications pour les besoins de la rime : "Vive le Père Ubé, notre grand financier !" (V, 2), adoptant la marque du pluriel (les Ubs), mais revenant toujours à sa plénitude première, à sa rondeur vocalique et consonantique, symbole parfait de l'être qu'il désigne. »

Enfin, si l'on songe au goût de Jarry pour les recherches héraldiques, et si l'on se réfère à *César-Antechrist*, un texte qui éclaire rétrospectivement la pièce, on peut considérer que le Bâton-à-physique, attribut du roi Ubu, résume sa plénitude et sa circularité : vertical, le bâton est mâle et vaut pour le signe Plus, et, horizontal, il est femelle et vaut pour le signe Moins. De sorte que le bâton est Moins-en-Plus, l'homme et la femme, l'esprit et le sexe. Par sa rotation, il forme la sphère, l'œuf et le zéro, donc Ubu. La plupart des éditions annotées d'*Ubu roi* rendent compte de ces symboles qui concourent à la création d'un personnage mythique parfaitement circulaire.

4 - *UBU ROI* : UNE IMMENSE CONTESTATION

■ La révolution du théâtre par le théâtre

Une remise en cause du pouvoir ?

On pourrait être tenté de voir en *Ubu roi* une satire virulente et noire de la monarchie, une mise en garde contre les excès du pouvoir. Or cette hypothèse de lecture ne résiste pas à l'analyse. Il serait vain de chercher dans *Ubu roi* les signes d'une remise en cause de la monarchie, de l'armée ou de l'Église. La confusion de certains jugements critiques, voyant en Ubu tantôt une mise à mal de la royauté, tantôt une mise en garde contre l'anarchie et l'esprit libertaire, montre bien que la pièce résiste à toute récupération politique et idéologique en raison de son irréductible polysémie. Jarry lui-même, dans *Les Paralipomènes d'Ubu*, sème volontairement la confusion en rapprochant Ubu à la fois de Monsieur Thiers (incarnation du conservatisme et de l'Ordre moral) et du parfait anarchiste !

Il y a certes parodie dans *Ubu roi*, mais cette parodie est si énorme, si généralisée, qu'elle ne peut pas avoir de visée idéologique. Comment voir dans *Ubu roi* une mise en garde contre la tyrannie, puisque le roi assassiné ne vaut guère mieux que son successeur, puisque Bougrelas, incarnation du pouvoir légitime, est habillé en bébé, puisque le peuple acclame l'usurpateur, se réjouit de ses largesses (« On n'en voyait pas tant du temps de Venceslas ») pour prendre conscience, trop tard, de ses infamies. Ubu en campagne n'est pas même un Napoléon de Carnaval, une transposition grotesque et effrayante de tyran militaire : il a simplement l'air d'une « citrouille armée ». Nous sommes dans le monde de Guignol, et il serait erroné de projeter un discours politique ou historique sur cette farce énorme. Jarry et ses camarades se moquent peut-être de la religion lorsqu'il font tenir le rôle d'un prêtre à la Mère Ubu, mais ce qui compte avant tout, c'est l'absurdité de la situation, la réversibilité cocasse des fonctions et des sexes. Les *Pater Noster* et la traduction absurde du latin *Omnis a Deo scientia* (V, 1) font rire de la bêtise sans fond du Père Ubu sans porter la moindre atteinte à l'Église (« nous n'avons pas hésité à monter sur un rocher fort haut pour que nos prières aient moins loin à arriver au Ciel », IV, 6). La charge iconoclaste est presque nulle, d'autant plus qu'il est de tradition chez les potaches de se moquer de la religion sans portée subversive (les institutions religieuses sont une cible facile et pour ainsi dire naturelle si l'on songe que l'emploi du temps de Jarry et de ses camarades comptait de nombreuses heures de catéchisme, à une époque où la France était encore un pays de forte pratique catholique).

Une remise en cause du théâtre

La pièce n'attaque rien, ne dénonce rien, ne démontre rien. En revanche, elle montre : elle montre un drame universel, dans tout ce qu'il a de grotesque et de macabre. La violence s'y déchaîne librement, la langue, elle aussi libérée de toute contrainte, devient folie verbale. Jarry a voulu mettre sur scène un personnage mythique, dans la plus pure tradition des contes celtiques, et cet ogre malfaisant et malpropre vaut pour lui-même et vaut pour tous, il met à nu l'âme humaine. François Caradec (voir Bibliographie, p. 126) a souligné la portée de la farce entreprise par Jarry et ses camarades :

> « Le génie de Jarry a été de transmuter un professeur chahuté en un mythe monstrueux, ce Père Ubu dont le gros cul bouche notre horizon [...]. Aucune bouffon-

> nerie n'avait caché, derrière le rire [...] une telle dimension tragique. Et vice versa. Car le Père Ubu, le Géant, c'est aussi cette outre dégonflable qu'on n'a pas manqué par la suite de découvrir chez les "Grands" au pouvoir : ces Géants ne sont que des hommes, des professeurs, des pions, et ce sont des Ubus. »

Du reste, les textes de Jarry lui-même sur la pièce montrent que c'est bien ainsi qu'il faut entendre *Ubu roi* :

> « J'ai voulu que, le rideau levé, la scène fût devant le public comme ce miroir des contes de Mme Leprince de Beaumont, où le vicieux se voit avec des cornes de taureau et un corps de dragon, selon l'exagération de ses vices ; et il n'est pas étonnant que le public ait été stupéfait à la vue de son double ignoble. »
>
> (« Questions de théâtre », in *La Revue blanche*, 1er janvier 1837)

Ubu roi, qui n'est en aucun cas une pièce à thèse, doit impérativement se lire en dehors de toute référence à un contexte historique, social ou culturel : elle constitue un système clos, totalement indépendant et autosuffisant, qui évacue toute profondeur. Les personnages n'ont pas de caractère, Ubu est avant tout une forme plastique. L'action, rappelons-le, se situe Nulle Part, les costumes doivent être le moins historiques et le moins couleur locale possible, le décor, qui vaut pour tous les lieux où se déroule l'action, est totalement composite : neige et palmiers, arbustes et pendule, colline et cheminée. Quant aux personnages, ils doivent être joués par des acteurs dont la diction et l'expression sont mécaniques, de manière à ce que le spectateur voie des marionnettes. Si *Ubu roi* est bien une pièce révolutionnaire, c'est le théâtre lui-même qu'elle révolutionne, et non les institutions politiques et sociales.

■ La provocation d'une œuvre d'enfance

Si *Ubu roi* choque autant, c'est aussi parce qu'il s'agit d'une composition de jeunes potaches qui laissent éclater l'enfance dans ce qu'elle a de plus irrévérencieux et créatif. La langue ubuesque, on l'a vu, répond au plaisir transgressif des enfants qui s'approprient un vocabulaire interdit (grossièretés, mais aussi langage du pouvoir, de l'autorité) pour le subvertir et le tourner en dérision. Le binôme ubuesque « merdre-andouille » correspond très exactement au « caca-boudin » des cours de récréation à la maternelle. Henri Béhar analyse ainsi la fraîcheur de cette langue enfantine et scatologique : « En laissant parler son enfance, Jarry a trouvé la jeunesse éternelle de la langue. »

Par ailleurs, plusieurs scènes peuvent être lues comme des jeux d'enfants : on joue à la dînette, on joue à être roi, on joue à la guerre. La scène du repas chez les Ubs rappelle bien les dînettes d'enfants, où bien souvent il s'agit d'inventer les mets les plus fantaisistes (et si possible répugnants) pour les commenter ensuite comme le font les personnages de la pièce :

PÈRE UBU

Bougre, que c'est mauvais.

CAPITAINE BORDURE

Ce n'est pas bon en effet.

MÈRE UBU

Tas d'Arabes, que vous faut-il ?

Dès lors, il ne faut pas s'étonner du caractère « décousu » de l'action : Ubu quitte la scène, revient avec le balai innommable pour empoisonner ses invités, tout comme un enfant quitterait une dînette pour revenir avec une nouvelle idée de jeu plus folle encore. De même, l'utilisation de la Mère Ubu comme prêtre répond au principe des jeux enfantins (« et toi, on dirait que tu serais le prêtre »), sans que l'idée de vraisemblance entre le moins du monde en ligne de compte.

On ne s'étonnera pas de la naïveté infantile de certaines répliques : « Et s'il vous donne des coups de pied ? », « Si je savais, je filerais vous dénoncer pour me tirer de cette sale affaire, et je pense qu'il me donnerait aussi de la monnaie » (I, 7), « Je vais te tuer, toi, je ne veux pas donner d'argent » (III, 7), « je suis tout disposé à devenir un saint homme, je veux être évêque et voir mon nom sur le calendrier » (V, 1), etc. À la Mère Ubu-saint Gabriel qui lui reproche d'avoir tué Boleslas et Ladislas, Ubu oppose ce raisonnement d'enfant égoïste et sûr de son bon droit :

> « Tant pis pour eux ! Ils voulaient me taper ! » (V, 1)

Comme dans les jeux d'enfants, les personnages annoncent qu'ils meurent (« Ah ! je suis mort », IV, 4), et sont susceptibles de réapparaître miraculeusement : l'ours qui attaque Ubu et les Palotins est une sorte de réincarnation de Bordure, puisque se crée une équivalence entre la bête et le capitaine dans le sommeil d'Ubu (« Ah ! voilà Bordure, qu'il est mauvais, on dirait un ours », IV, 7), et la Mère Ubu survit remarquablement aux traitements ignobles que lui fait subir son époux. Plusieurs répliques montrent le caractère relatif et ludique de la mort dans *Ubu roi*, où l'on peut « tuer un peu » (IV, 3) et achever des adversaires déjà morts (« j'ai massacré quatre ennemis de ma propre main, sans compter tous ceux qui étaient déjà morts et que nous avons achevés », IV, 5). De même, il n'y a rien d'étonnant à ce que le Père Ubu marmonne dans son sommeil : « Je suis mort depuis longtemps, moi » (IV, 7). Tout est farce et mascarade.

Ubu obéit à la seule loi de ses désirs et de ses pulsions et Jarry dit de lui, dans le *Programme d'« Ubu roi »* :

> « [...] il exécute ses arrêts lui-même, déchire les gens parce qu'il lui plaît ainsi et prie les soldats russes de ne point tirer devers lui, parce qu'il ne lui plaît pas. Il est un peu *enfant terrible* et nul ne le contredit tant qu'il ne touche point au Czar, qui est tout ce que nous respectons tous. Le Czar en fait justice, lui retire son trône dont il a mésusé, rétablit Bougrelas (était-ce bien la peine ?) et chasse M. Ubu de Pologne, avec les trois parties de sa puissance, résumées en ce mot : "Cornegidouille" (par la puissance des appétits inférieurs). »

4

ÉCHOS ET CORRESPONDANCES

1 - LA GESTE UBUESQUE

Ubu roi n'est pas le seul texte à mettre en scène l'infâme bonhomme, et nous montrerons l'importance et la récurrence d'Ubu dans l'œuvre de Jarry.

■ *Ubu cocu*

Parler d'*Ubu cocu* pose de grands problèmes de datation et d'établissement du texte. Nous nous référerons ici au texte donné dans l'édition Folio classique, et nous nous bornerons à rappeler qu'*Ubu cocu* se présente comme la fusion et le remaniement de plusieurs textes jarryques et de morceaux choisis des années rennaises. On dégage en effet trois états principaux du texte : *Onésime ou les Tribulations de Priou* (1888-1889), *Ubu cocu* restitué en son intégralité tel qu'il a été représenté par les marionnettes du Théâtre des Phynances (texte sans doute postérieur d'un an au précédent), et enfin *Ubu cocu ou l'Archéoptéryx* (1897-1898), dont le premier acte se passe dans la gidouille d'Ubu. Mais c'est généralement *Ubu cocu* dans sa version pour le théâtre de marionnettes qui fait office de référence. La pièce a été représentée une seule fois, en 1946.

Il n'est pas aisé de résumer l'action, particulièrement décousue : le Père Ubu fait violemment irruption chez le vieil Achras, éleveur et collectionneur de polyèdres, et prend possession, sans raison, de son logement pour y installer femme et enfants (!). Afin de savoir s'il a bien agi, Ubu convoque sa Conscience, qu'il tient d'ordinaire enfermée dans une valise. Ubu a appris que sa femme le trompe avec un Égyptien, Memnon, qu'il veut châtier par le supplice du pal. Pour vérifier l'efficacité de ce sévice, il fait empaler Achras, pris par surprise au milieu d'une ronde de Palotins sortis des caisses d'Ubu. La Mère Ubu est prise d'une crise de nerfs à la vue d'Achras empalé (acte I). La Conscience d'Ubu délivre Achras, qui pour se venger fait tomber Ubu dans la trappe de la cave. La Conscience délivre Ubu à son tour, mais se retrouve pendue par les pieds, s'agite et finit par tomber sur la gidouille d'Ubu, furieux, qui la jette dans le « trou entre les deux semelles de pierre ». Ubu fait part de sa dernière invention, la pompe à merdre (acte II). Rebontier, un rentier persécuté par le Père Ubu, et Achras se plaignent des mauvais traitements que leur fait subir Ubu, et projettent de fuir en Égypte. Memnon joue de la flûte. Achras et Rebontier, que les chiens à bas de laine ont dépouillés, vont chez Scytotomille le savetier acheter des Écrase-Merdres. Les Palotins chargés de capturer une momie s'emparent d'Achras et de Rebontier et flambent Scytotomille. Achras et Rebontier sont précipités dans le tonneau-socle de Memnon (acte III). L'acte IV s'ouvre sur une scène d'amour entre Memnon et la Mère Ubu, interrompue par l'arrivée d'Ubu. Memnon se cache dans le trou infâme où il retrouve la Conscience. Ubu s'enfonce dans le cabinet avec les Palotins, après avoir constaté l'inefficacité de la pompe-à-merdre (acte IV). Achras et Rebontier ont vu une caisse pleine de momies adressée au domicile d'Ubu. Ubu s'empare de Rebontier, qu'il soupçonne de vouloir le cocufier, et avant de le massacrer prend conseil auprès de sa Conscience. La pièce s'achève sur une scène absurde, la scène du crocodile, simple pirouette pour conclure une intrigue inextricable (acte V).

Il est bien difficile de commenter (et même de lire !) *Ubu cocu*, tant la pièce se présente comme un collage volontiers incohérent de scènes absurdes, où le trou des cabinets et un tonneau plein de « merdre » constituent les lieux privilégiés de l'action. Le caractère potachique de cette création est encore plus marqué que dans *Ubu roi* : les noms des personnages déforment ceux des professeurs et de nombreux tics de langage (le « voyez-vous bien » d'Achras et le « et ainsi de suite » de la Conscience) puisent dans des souvenirs scolaires. La présence d'Ubu est moins écrasante que dans *Ubu roi* et c'est en partie ce qui fait la faiblesse de la pièce : on perd de vue le gros bonhomme ignoble qui impose sa dynamique à *Ubu roi*, et l'action se disperse entre plusieurs personnages secondaires. Bien sûr, ce volet des aventures d'Ubu propose certaines constantes (dans le vocabulaire, à grands renforts de « merdre » et de « gidouille », dans la violence bête et gratuite du Père Ubu éternel décerveleur), et l'on retiendra un élément audacieux et original : la conscience d'Ubu apparaît sous la forme d'un personnage distinct d'Ubu et prodiguant inutilement de sages conseils qu'Ubu détourne tout aussitôt.

■ *Ubu enchaîné*

Plus intéressante qu'*Ubu cocu* apparaît la pièce datée de 1899 et intitulée *Ubu enchaîné*, représentée pour la première fois en 1937, dans une mise en scène surréaliste de Sylvain Itkine, aidé notamment de Max Ernst pour les décors. L'action s'y présente avec une certaine clarté. Le couple Ubu s'est retrouvé en France à la suite des aventures vécues dans *Ubu roi*. Ubu, fatigué des coups que son règne lui a valus, ne veut plus être Maître des Finances ni roi. Il fait part à la mère Ubu de son désir de se faire esclave. On assiste aux manœuvres de trois hommes libres accompagnés de leur caporal. Ubu les aperçoit et veut exercer sur eux ses nouvelles fonctions : il s'agit de faire subir aux passants les supplices habituels (décervelage, enfoncement du petit bout de bois dans les oneilles, etc.), mais pour une somme modique. Ubu surprend le caporal Pissedoux par sa mise en pratique particulièrement originale de la théorie de la liberté. Ubu offre ses services à la petite Éleuthère (cantinière des hommes libres, nièce de Pissembock et fiancée de Pissedoux), qui se débat et s'évanouit, tandis que Pissembock meurt. Ubu s'empare de la finance de ses deux victimes et se rend chez Éleuthère afin de la servir (acte I).

On assiste à l'organisation de la vie des domestiques des Ubs, qui ne répondent pas aux coups de sonnette d'Éleuthère. Pissembock « ressuscite » et se déclare fort satisfait des services des Ubs. Pissedoux fouette Ubu qui lui avait refusé l'accès de la maison. On voit Ubu valser avec Éleuthère (qu'il écrase sous son bras !) lors du bal de Pissembock. Les trois hommes libres surgissent pour faire prisonnier Ubu. La Mère Ubu accepte de suivre son époux « dans la prospérité » (acte II).

On retrouve Ubu en prison, fort satisfait de son sort. On assiste ensuite au procès d'Ubu dans la grande salle du Tribunal. Ubu est bien décidé à aller aux galères. Les Ubus, condamnés, s'écrient : « Vive l'esclavage ! ». Plusieurs vieilles filles commentent les exactions d'Ubu. Arrive Frère Tiberge qui implore les vieilles filles pour les « pauvres prisonniers » (le Père Ubu a besoin de douze repas par jour !). Les dévotes refusent. Entrent les Policiers et les Démolisseurs qui transforment le salon en prison. Ubu enchaîné provoque Pissedoux. Dans le sérail, le vizir annonce à Soliman que le Père Ubu figure parmi les forçats (acte III).

Lord Catoblepas, un touriste anglais, prend la prison pour le palais du roi. Ubu fait ses adieux à la Mère Ubu et s'apprête à aller aux galères. Il est acclamé comme le roi par Catoblepas et les forçats. Ubu accepte ce nouveau statut de domination et distribue les rôles officiels (grand-trésorier, généralissime de l'« armerdre », etc.) entre les « Phorçats » (acte IV).

Pissedoux déclare que « la liberté, c'est l'esclavage » et prend le commandement du peuple, afin d'envahir les prisons et de supprimer la liberté. La faction de Pissedoux charge la prison des Ubus. Le Père Ubu fait partie d'un convoi de forçats en marche à travers la Sclavonie. Pissedoux et ses hommes attaquent le convoi et somment le Père Ubu de rendre les fers et d'être libre. S'ensuit une bataille, interrompue par l'arrivée de Soliman et de sa suite. Soliman reconnaît en Ubu son propre frère, enlevé longtemps auparavant par des pirates français, mais, craignant d'être détrôné, il ordonne qu'on débarque Ubu n'importe où. Ubu décide de ne se consacrer désormais qu'au service de sa gidouille. Dans la dernière scène, tous les personnages de la pièce sont enchaînés aux bancs des forçats. Ubu décide de ne plus commander, car on lui obéit mieux quand il est enchaîné (acte V).

Jarry a conçu *Ubu enchaîné* comme la « contre-partie » d'*Ubu roi*. En effet, la pièce reprend les structures, les personnages et les situations du premier volet des aventures ubuesques, mais en les inversant : Ubu ne veut plus être roi, il veut devenir esclave, et sa plus grande ambition est de finir aux galères. Un principe de contradiction systématique guide la pièce : les hommes libres demandent le contraire de ce qu'ils veulent et font le contraire de ce qu'on leur ordonne. Jarry a imaginé un monde absurde où toutes les lois de la logique sont inversées. Ubu est toujours au centre de tout et continue à ne se préoccuper que de ses appétits, de sa précieuse gidouille.

La continuité avec *Ubu roi* est frappante : les aventures passées, fréquemment évoquées, déterminent l'action de la pièce, puisque, si Ubu veut être esclave, c'est précisément parce qu'il a fait l'expérience malheureuse de la royauté. Un jeu d'échos serré se crée entre les deux pièces : la scène du procès évoque, comme un négatif photographique, le passage à la trappe des nobles dans *Ubu roi*, la Mère Ubu se trouve séparée de son époux pour un temps comme dans *Ubu roi*, Pissedoux reprend les fonctions d'adjuvant devenu opposant qu'occupait Bordure dans *Ubu roi*, les deux pièces contiennent des scènes de batailles et de marche (en Ukraine et en Lithuanie dans *Ubu roi*, en Sclavonie dans *Ubu enchaîné*) et s'achèvent sur un bateau (navire dans *Ubu roi*, galère dans *Ubu enchaîné*), etc. Bien sûr, on note des différences évidentes : à l'action centrée sur la prise de pouvoir (qui est dans *Ubu enchaîné* conquête de l'esclavage), Jarry a ajouté une intrigue « sentimentale » secondaire avec la petite Éleuthère (dont le nom, qui veut dire « libre » en grec, suffit à justifier la présence dans la pièce), les Palotins ont disparu, puisqu'ils n'ont de sens que lorsqu'Ubu est en situation de domination, et un personnage comme

Lord Catoblepas, qui donne lieu à un comique de langage assez traditionnel (les anglicismes), ne trouverait pas d'équivalent dans *Ubu roi*. La langue est restée la même, si ce n'est que le « merdre » ubuesque a presque totalement disparu (il réapparaît dans l'expression « armerdre »), puisqu'Ubu a pris conscience de son terrible pouvoir. Peut-être par un effet de compensation, la « pisse », absente dans *Ubu roi*, est récurrente ici, dans le nom des personnages Pissedoux et Pissembock comme dans les dialogues (« il mange de la viande de pourceau et pisse tout debout », III, 8).

Ubu enchaîné se caractérise aussi par une extrême liberté dramaturgique, dont nous nous bornerons à indiquer l'illustration la plus frappante : dans le passage de la scène 5 à la scène 6 de l'acte III, le changement de décor (transformation du salon en prison) a lieu sur scène, sous les yeux des spectateurs, ce qui constitue un véritable bouleversement des habitudes scéniques, et confirme le refus de Jarry de souscrire au moindre souci de vraisemblance. Pour ce qui est de l'indétermination absolue du temps et de l'espace, Jarry reprend les procédés déjà employés dans *Ubu roi* : l'action est censée se dérouler en France, mais cette France est elle aussi un Nulle Part, tout comme la Pologne : un Lord anglais surgit, Ubu et les forçats traversent la Sclavonie, Soliman et son vizir interviennent dans la destinée d'Ubu, qui s'achève sur une galère.

Le fait qu'*Ubu enchaîné* se présente comme la contre-partie d'*Ubu roi* peut éclairer rétrospectivement la lecture des premières aventures du Père Ubu. La démocratie et l'anarchie sont traitées dans *Ubu enchaîné* exactement comme la royauté et la tyrannie dans *Ubu roi*. Qu'il vive en Pologne sous le règne de Venceslas ou en France au pays des hommes libres, Ubu reste le même, commet les mêmes exactions et ne désire qu'une seule et même chose : agir à sa guise et pourvoir aux besoins insatiables de sa gidouille. D'autre part, le comportement et les paroles des trois hommes libres avec leur caporal établit une équivalence stricte entre liberté, esclavage et tyrannie. Plusieurs dialogues de la pièce formulent explicitement ce jeu d'équivalences, ce qui conforte bien sûr l'idée qu'*Ubu roi* ne doit absolument pas être lu comme une pièce à thèse, une mise en accusation de la monarchie. Si c'était le cas, il faudrait alors considérer *Ubu enchaîné* comme une dénonciation de la démocratie et de la république française. Or on voit bien que le sens de la pièce est ailleurs. Ubu n'est le porte-parole d'aucune idéologie, il n'incarne aucune classe sociale, puisqu'il est le centre de l'univers, la face mauvaise de toute l'humanité. Henri Béhar (voir Bibliographie, p. 126) conclut ainsi son analyse d'*Ubu enchaîné* :

> « [...] il s'agit tout simplement d'ajouter un nouvel épisode aux aventures d'une marionnette manœuvrée par un enfant devenu adulte et qui se refuse à le croire. C'est l'homme qui renonce à choisir entre le théâtre et la vie, pour qui la vie n'est qu'un théâtre. »

■ *Ubu sur la butte*

Il faut ajouter à la trilogie ubuesque (*Ubu roi*, *Ubu cocu*, *Ubu enchaîné*) quelques précisions concernant *Ubu sur la butte*, version réduite en deux actes d'*Ubu roi* et remaniée pour Guignol. La pièce a été représentée en 1901 au théâtre des Quatz'Arts à Montmartre et publiée en 1906. La pièce est précédée d'un prologue qui s'inscrit dans la plus pure tradition du théâtre de marionnettes : Guignol rencontre le directeur, exige de lui une somme exorbitante pour s'être déplacé depuis Lyon (lieu de naissance du théâtre de Guignol) et lui assène force coups de bâton, avant de l'entraîner dans une danse avec des « petites femmes ». Commencent alors les aventures d'Ubu, sans « merdre » initial. Ubu tue Venceslas dès la première scène. On retrouve Bougrelas et la Reine, qui ne tarde pas à mourir, tandis que son fils est chargé de la vengeance. Les exactions d'Ubu sont considérablement écourtées, mais la scène des nobles est maintenue presque intacte (acte I). Le Père Ubu se prépare à la guerre, tandis que la Mère Ubu profite de son absence pour entretenir des relations adultères avec le Palotin Giron. L'action se poursuit telle qu'on la connaît avec quelques changements de détails (c'est au cours de la campagne militaire, et non d'un festin, qu'Ubu dégaine le balai innommable pour le jeter sur Lascy et l'armée, le rocher de la prière est remplacé par un moulin à vent, la scène de l'apparition de la Mère Ubu en saint Gabriel est supprimée…). La Mère Ubu suggère qu'ils s'embarquent pour la France, mais les gendarmes guidés par Bougrelas font prisonnier Ubu pour le décerveler (acte II).

Il est particulièrement intéressant de mesurer certaines différences entre la « version longue » et la réduction. On remarque tout de suite l'effort d'adaptation à un genre codifié, celui du théâtre de Guignol : le prologue souscrit à la règle et, au cours de la pièce, le comique visuel, les chansons et la gestuelle traditionnelle du guignol (coups de bâton, tête qui cogne contre le mur, etc.) sont fortement développés. L'arrivée des gendarmes à la fin de la pièce correspond également aux attentes du genre (on ne conçoit pas Guignol sans gendarmes). L'effet obtenu n'est donc pas du tout le même : dans l'ensemble, la version abrégée paraît plus gaie, plus enlevée, rythmée par des chansons (la Chanson polonaise martelle « glou glou », « Pi pi », « Ka ka », « Bu bu ») et par des scènes conventionnelles (Ubu donne à Venceslas un coup de tête dans le ventre avant de l'achever à coups de bâton, ce qui représente un affaiblissement considérable de la violence contenue dans la scène équivalente dans *Ubu roi*). L'usurpation et la tyrannie d'Ubu sont ici bien moins scandaleuses et choquantes, puisqu'à la fin, selon les règles du genre, Ubu sera puni et décervelé à son tour ; justice est faite, là où dans *Ubu roi* le tyran s'enfuit pour reproduire ses crimes ailleurs, laissant indéfiniment libre cours à sa violence.

Ubu sur la butte constitue un retour en arrière et un affadissement des procédés novateurs de Jarry, puisqu'on revient au point de départ de la geste ubuesque : on se souvient qu'*Ubu roi* a d'abord été conçu comme un spectacle de marionnettes pour le Théâtre des Phynances. Ce qui était radicalement nouveau et dérangeant dans *Ubu roi*, c'était de faire jouer des acteurs de chair comme des marionnettes, de les transformer en automates, de les réifier. Le coup de génie de Jarry consistait précisément à transposer dans un théâtre d'acteurs, pour adultes, cette création enfantine proche du Guignol. Dans *Ubu sur la butte*, cette provocation dramaturgique disparaît, puisque ce sont bel et bien des marionnettes que l'on voit sur scène. Mais la déception ressentie à la lecture d'*Ubu sur la butte* doit être perçue comme la preuve *a contrario* de l'intérêt majeur et de l'originalité d'*Ubu roi*.

■ D'autres apparitions d'Ubu

En dehors des œuvres consacrées exclusivement à Ubu, on retrouve le héros infâme dans d'autres textes de Jarry, et tout d'abord dans *César-Antechrist*, drame symboliste en quatre actes, paru en 1895. Ubu y apparaît à la fin de l'« Acte Héraldique » et dans l'« Acte Terrestre ». Étant donné la complexité de l'œuvre, qui entend montrer l'identité des contraires en s'appuyant sur un réseau très serré d'allusions à l'Antiquité, à la littérature ésotérique et à l'interprétation chrétienne, nous nous limiterons ici à signaler que l'« Acte Terrestre » constitue une version abrégée d'*Ubu roi*, tandis que la pièce tend à faire apparaître Ubu comme une projection de l'Antechrist sur la terre. On se souviendra de cette création pour comprendre à quel point la figure d'Ubu obsède Jarry et structure son univers.

On retiendra aussi les tentatives de Jarry pour faire du Père Ubu un vrai personnage populaire à travers la publication d'almanachs (ce geste s'inscrit également dans la tradition rabelaisienne). Il y eut deux almanachs du Père Ubu, illustrés tous deux par Pierre Bonnard, l'un trimestriel (premier trimeste 1889) et l'autre annuel (année 1901), qui ne rencontrèrent qu'un succès limité. Jarry insère son personnage dans la tradition populaire des almanachs qui prodiguent de précieux conseils pratiques et commentent la vie actuelle. Jarry ajoute au calendrier quelques saints et fêtes tirés des aventures du Père Ubu, comme sainte Bouzine, saint Bordure, Décervelage, sainte Purge, et autres réjouissances ubuesques. On retiendra aussi une création intitulée *L'Île du Diable*, « pièce secrète en trois ans et plusieurs tableaux », qui se présente comme une claire allusion à l'affaire Dreyfus, transposée dans l'univers ubuesque : Ubu incarne la Raison d'État qui condamne Bordure-Dreyfus tout en connaissant son innocence. Jarry se sert donc de la figure d'Ubu, parfaite incarnation de la bêtise aveugle, pour jeter un éclairage personnel sur la plus grande affaire politique du siècle.

Mais Ubu et les différents volets de ses aventures occupent également une grande place dans la correspondance et la production critique et théorique de Jarry. On retiendra *Les Paralipomènes d'Ubu*, publiés dans *La Revue blanche* le 1er décembre 1896, quelques jours avant la représentation d'*Ubu roi*, et qui comportent, outre quelques considérations intéressantes et fantaisistes sur Ubu (étymologie de son nom, commentaire d'inspiration philosophique sur son être : « Des trois âmes que distingue Platon : de la tête, du cœur et de la gidouille, cette dernière seule, en lui, n'est pas embryonnaire »), de larges extraits de ce qui sera *Ubu cocu*. Nous avons déjà cité à plusieurs reprises le *Programme d'« Ubu roi »*, *La Conférence prononcée à la création d« Ubu roi »* et les « Questions de théâtre », tous textes généralement repris dans les éditions d'*Ubu roi* (par exemple Folio classique), qui donnent aussi les « brouillons » d'*Ubu cocu (Onésime ou les Tribulations de Priou, Ubu cocu ou l'Archéoptéryx)*, ainsi que des textes épars (chansons, poésies) mentionnant Ubu. On pourra également consulter les correspondances relatives à Ubu, qu'il s'agisse des lettres de Jarry à Lugné-Poe, à Catulle Mendès et d'autres, ou qu'il s'agisse des lettres que les frères Morin, anciens camarades de Jarry au lycée de Rennes, écrivirent pour rappeler le caractère collectif de la création d'Ubu.

2 - LA CULTURE DE JARRY

Nous entendons ici identifier les principales influences littéraires ou paralittéraires que Jarry a subies et qui peuvent éclairer le lecteur dans la compréhension d'*Ubu roi*. Nous renvoyons de manière générale à l'étude d'Henri Béhar, *Les Cultures de Jarry* (voir Bibliographie, p. 126).

■ Shakespeare (1564-1616)

Nous avons déjà évoqué la présence de Shakespeare dans *Ubu roi*, à travers des calques de situations et de répliques. Paradoxalement, plus que dans le fond comique de Shakespeare, Jarry puise dans la veine tragique (*Jules César* pour les spectres et les rêves, *Hamlet* et *Macbeth* pour la trame générale du drame historique, la thématique de la conspiration et de la vengeance, la présence d'une femme instigatrice), avec de nettes intentions de détournement parodique. Ubu lui-même peut être vu comme un mixte de personnages shakespeariens (on pensera notamment à Falstaff dans *Henry IV* et *Les Commères de Windsor*, modèle du soldat fanfaron et ivre qui fuit les batailles).

Mais, contrairement à ce qui arrive dans les tragédies de Shakespeare, dans *Ubu roi* les personnages échappent à toute justice providentielle qui rétablirait la légitimité, et Jarry, refusant de sanctionner une philosophie de l'Histoire, rejette l'idée même de dénouement. Souvent, la référence à Shakespeare et à la scène élisabéthaine se trouve surchargée à l'excès : on pensera surtout aux lieux de l'action (grotte, crypte, forêt, neige, plaine pour la bataille, mention d'Elseneur, lieu de l'action d'*Hamlet*, dans la dernière scène, etc.). Le dédain de Jarry pour le réalisme géographique et historique puise certaines de ses racines dans les innovations de Shakespeare, qui sut aussi mettre dans la bouche de ses personnages allusions obscènes, scabreuses ou scatologiques. Dans plusieurs textes théoriques, Jarry emploie l'exemple d'Hamlet pour montrer ce qu'est un personnage de synthèse, universel et éternel. Mais Jarry a soin aussi de souligner les limites de cette parenté avec Shakespeare, rappelant que les moyens scéniques du théâtre élisabéthain étaient autrement plus sophistiqués que ceux dont il dispose au Théâtre de l'Œuvre ; les panneaux assurant les changements de décor n'ont rien à voir avec la dramaturgie shakespearienne.

On a reproché à *Ubu roi* d'être une grossière imitation de Shakespeare, en oubliant qu'il est « à peu près prouvé aujourd'hui que jamais, au moins au temps de Shakespeare, on ne joua autrement que sur une scène relativement perfectionnée et avec des décors » (« Questions de théâtre »). Jarry ne nie donc pas l'influence de Shakespeare, il souligne simplement sa propre originalité en matière de dramaturgie.

■ Rabelais (env. 1494-1553)

Rabelais, écrivain, médecin et philosophe humaniste, auteur d'œuvres puisant dans la tradition de la littérature d'almanach, et mettant en scène les aventures de Gargantua et Pantagruel (parues en cinq livres de 1532 à 1564, le dernier étant posthume), représente un autre pôle essentiel dans la formation culturelle de Jarry. On a déjà vu comment la langue d'*Ubu roi,* par sa truculence, ses archaïsmes et sa trivialité provocante, peut être aisément qualifiée de rabelaisienne. On a déjà eu l'occasion de dire que Jarry a emprunté à Rabelais un mot qui devient essentiel dans le lexique ubuesque, la « bouzine » (la séduction qu'exerce le terme rabelasien sur Jarry tient plus à sa sonorité qu'à sa signification, relativement éloignée de la panse du Père Ubu). Il est évident aussi que les thématiques scatologiques et œnologiques d'*Ubu roi* trouvent des sources non négligeables chez Rabelais (l'oie qui sert de « torche-cul », l'éloge de la Dive Bouteille, et ainsi de suite). Pour être plus précis, rappelons que les séries d'insultes, d'interjections ou d'onomatopées à caractère paronomastique constituent d'indéniables emprunts aux rythmes comiques propres à Rabelais. L'outrance et la déformation (des gestes, des actes et du langage) rappellent tout à fait le style rabelaisien.

On a vu que, par bien des aspects, Jarry construit Ubu comme un géant (gigantisme des appétits, de la bouzine, bêtise colossale, etc.). Or, ce sont précisément les aventures de deux géants (Gargantua et son fils

Pantagruel) que narre Rabelais, parodiant ainsi la « *libido sciendi* » (soif de connaissance) du Moyen Âge. Les connaissances latines du Père Ubu (fort approximatives) et ses nombreuses inventions (machine à prévenir la pluie, moyen de locomotion pour déplacer toute l'armée, etc.) ainsi que l'habitude de tourner en dérision la religion, rappellent l'inventivité irrévérencieuse des récits rabelaisiens.

■ D'autres influences

À bien des égards, Jarry est resté toute sa vie un potache, et il a été profondément marqué par ses années de formation scolaire, dont son œuvre garde la trace. Jarry était un excellent élève et se distinguait notamment en latin et en grec. Parmi les auteurs antiques dont l'importance est capitale pour la formation littéraire de Jarry, citons avant tout Aristophane (env. 445-385 av. J.-C.), qui a donné ses lettres de noblesse à la comédie grecque. Par la lecture et la traduction des comédies d'Aristophane (*Les Guêpes, Les Oiseaux, Les Nuées,* etc.), Jarry et ses camarades se familiarisent avec les plaisanteries obscènes, le vocabulaire scatologique et la parodie du pouvoir, des institutions tant politiques qu'intellectuelles. Plaute (254-184 av. J.-C.) fait également partie des auteurs comiques qui ont alimenté les mêmes thématiques et ravi des générations de latinistes en herbe avides de jeux de mots grivois et triviaux. De manière générale, il est de tradition chez les potaches de s'inspirer ou de détourner les auteurs du répertoire classique : ajoutons aux plaisanteries d'*Ubu roi* déjà relevées la transformation d'Épictète en Pique-Tête dans *Ubu cocu*, et la parenté qui unit l'intrigue d'*Ubu roi* à celle du *Cinna* de Corneille.

Rappelons aussi d'autres influences, qui entrent peu en jeu pour la composition d'*Ubu roi*, mais marquent l'œuvre de Jarry dans son ensemble. Les lectures du jeune Jarry passent par le romantisme (Hugo, Gœthe et Byron) avant de se porter vers les avant-gardes (notamment Lautréamont, auteur des *Chants de Maldoror*). La culture celtique ne cessera de fasciner et d'inspirer Jarry (le Père Ubu rappelle les géants et les ogres du folklore breton). Jarry se passionnera aussi pour de nombreux domaines non littéraires : les blasons (on sent déjà dans *Ubu roi* l'importance de l'univers héraldique), la science, les progrès techniques, le sport (Jarry pratiquait avec ferveur l'escrime et se faisait photographier sur sa bicyclette). Se pencher sur la culture de Jarry, ses lectures et ses passions, permet du même coup d'embrasser un certain esprit « fin de siècle » qu'il est important de connaître pour pénétrer l'œuvre complexe de l'inventeur d'Ubu.

■ Le théâtre mirlitonesque

Pour compléter le tableau des goûts littéraires de Jarry, il convient de donner quelques informations sur le « théâtre mirlitonesque » auquel Jarry consacrera beaucoup de temps et d'énergie, en marge de ses créations plus « sérieuses ». Il s'agit d'un genre léger et très codifié, conventionnel, écrit en mauvais vers (les vers de mirliton), pensé pour des marionnettes. L'intérêt que Jarry porte au théâtre mirlitonesque ne doit pas être méprisé ou tenu pour un divertissement, un délassement fantaisiste, puisque Jarry considère avec beaucoup de sérieux cet art dramatique naïf et enfantin. En 1906, peu avant sa mort, Jarry songea à publier un recueil de pièces intitulé *Théâtre mirlitonesque* comprenant *Ubu cocu* et *Ubu sur la butte*, mais aussi des pièces indépendantes du cycle ubuesque, comme

Par la taille (pièce comique en un acte, composée en 1898, publiée en 1906), qui met en scène l'amour impossible d'un géant et d'un bossu pour une jeune fille, et *L'Objet aimé* (pastorale en un acte, 1903), œuvre inspirée de Rodolphe Töpffer (1799-1846), auteur suisse d'albums illustrés pour la jeunesse. On classe dans la production mirlitonesque de Jarry deux opérettes-bouffe, *Pantagruel* (joué en 1911 au Grand-Théâtre de Lyon avec une musique de Claude Terrasse) et *Le Moutardier du Pape*, inspiré de *La Papesse Jeanne*, œuvre du romancier grec Rhoïdès traduite par Jarry.

Le nombre d'œuvres jarryques se rattachant au genre mirlitonesque suffit à prouver que Jarry ne prenait pas à la légère cette production en apparence mineure : en réalité, les lois du genre (univers absurde, types plus que personnages, jeux de mots et calembours volontairement exécrables, importance de la gestuelle codifiée, tics, etc.) recoupent les conceptions dramaturgiques de Jarry, que nous avons vues à l'œuvre dans *Ubu roi* et qui trouvent leur théorisation provocante dans l'article « De l'inutilité du théâtre au théâtre ». Jarry a un grand respect pour l'univers des pantins et des marionnettes, puisque pour lui la présence de l'acteur sur scène fait obstacle au dévoilement de l'œuvre (du reste, certains tenants du symbolisme partagent ces convictions, comme le prouve l'existence du Petit Théâtre des Marionnettes à Paris, qui s'adresse aux adultes et met en scène Aristophane ou Shakespeare). De plus, le théâtre mirlitonesque est pour Jarry une source d'émerveillement enfantin comme le Guignol dont il est proche. Comme toujours, il s'agit de transposer pour les adultes un art enfantin, qui par sa forme parfaitement artificielle et codifiée permet de découvrir des principes éternels plus sûrement que n'importe quelle représentation réaliste.

3 - COMMENT METTRE EN SCÈNE *UBU ROI* ?

Après des débuts marqués par le scandale, *Ubu roi* a rapidement fait partie du répertoire français le plus joué, et nombreux sont les metteurs en scène qui s'attellent à la tâche ardue de monter la pièce. Après la représentation originale de la pièce en 1896, il faudra attendre 1922 (si l'on exclut un spectacle de 1908 présenté par Firmin Gémier, l'interprète d'Ubu lors de la première, au Théâtre-Antoine, spectacle sur lequel nous avons peu d'informations, mais qui devait s'appuyer sur un texte modifié) pour voir réapparaître la gidouille d'Ubu sur scène : Lugné-Poe reprend la création de 1896. Par la suite, *Ubu roi* sera régulièrement monté, à Paris, en province, mais aussi à l'étranger (à Rome et à Prague dès les années 1920, à Londres et à New York, en Suisse, en Belgique, en Autriche, etc.). Les metteurs en scène choisissent d'accentuer tantôt le caractère farcesque et guignolesque de la pièce, tantôt sa noirceur et sa cruauté. Certains décident de retourner aux marionnettes, d'autres de laisser la part belle aux acteurs (ce qui est contraire aux intentions de Jarry mais peut toutefois produire d'intéressants résultats). Nous nous bornerons ici à commenter brièvement quatre mises en scène ayant fait date et à renvoyer à l'ouvrage déjà cité d'Henri Béhar, *Jarry dramaturge*, qui contient un répertoire des mises en scène et une série de photographies intéressantes.

■ La première représentation d'*Ubu roi*

Nous avons déjà évoqué les circonstances de la première représentation d'*Ubu roi,* qui est bien sûr d'autant plus importante que Jarry en a été le metteur en scène. Tout d'abord, il convient de rappeler les convergences de vue qui unissaient Jarry à Lugné-Poe. Le Théâtre de l'Œuvre disposait de moyens financiers très réduits, mais Lugné-Poe sut tirer parti de cette contrainte dans un sens conforme aux exigences de Jarry : décors minimalistes, acteurs jouant en costumes modernes, lumière faible éclairant uniquement la scène. Les représentations qui se faisaient au Théâtre de l'Œuvre s'approchaient d'un théâtre abstrait peu éloigné du théâtre d'ombres et débarrassé de tout artifice superflu, tel que le souhaitait Jarry dans son article « De l'inutilité du théâtre au théâtre ». Jarry n'eut pas trop de mal à convaincre Lugné-Poe de présenter *Ubu roi*.

La répétition générale du 9 décembre 1896 se passa dans un calme relatif, le public semblant goûter les aventures d'Ubu et ne protestant un peu vivement que devant certaines audaces dramaturgiques (la porte de la prison de Thorn était jouée par un comédien dont la main tendue était censée représenter la serrure). En revanche, la première, le lendemain 10 décembre 1896, fut véritablement tumultueuse, en grande partie parce que Jarry avait orchestré le scandale par une série d'articles provocants et parce qu'il avait demandé à ses amis (Rachilde et les autres) de « faire la claque » d'une manière bien particulière : ils devaient siffler quand le public manifestait un intérêt favorable pour la pièce, et applaudir bruyamment si la salle exprimait son mécontentement. Jarry souhaitait une véritable bataille littéraire où s'opposeraient partisans et détracteurs du théâtre symboliste. Le scandale fut tel que le public comme les critiques oublièrent presque que le spectacle était sur scène et non dans la salle.

Mais, au-delà du parfum de soufre qui entoure cette première, il est plus intéressant de se pencher sur les caractéristiques de la représentation pour mesurer un éventuel écart entre les désirs de Jarry et la réalisation. Les acteurs adoptèrent bien, comme le souhaitait Jarry, des accents et même des voix spécifiques, de manière à obtenir un effet de grande monotonie et d'extrême artificialité. Toutefois, devant le manque de préparation des comédiens, Jarry dut se résoudre à supprimer plusieurs répliques, dont il jugeait certaines pourtant nécessaires à la compréhension de la pièce. Les acteurs jouèrent en costume de ville, ce qui ne correspond pas aux vœux de Jarry, qui voulait des costumes certes modernes, donc intemporels, mais aussi bien particuliers (le complet d'Ubu, l'attirail de bébé de Bougrelas, etc.). De même, le masque d'Ubu et certains accessoires (notamment le cheval) ne purent être achevés à temps, et Jarry dut se contenter de pis-aller. Enfin et surtout, les critiques, même les plus sévères à l'égard de la pièce, s'accordèrent à saluer la prestation des acteurs, ce qui va à l'encontre du désir de voir le comédien s'effacer au profit des personnages : les critiques ont reconnu Gémier au lieu de ne voir que le mythe Ubu. On peut donc considérer que la première d'*Ubu roi* ne répond que très partiellement aux vœux de Jarry, et les metteurs en scène successifs ont eu tout loisir de revenir aux exigences originelles de l'auteur.

■ La mise en scène de Jean Vilar (1958)

Il faut citer parmi les mises en scène remarquables celle de Jean Vilar, directeur du Théâtre national populaire de Chaillot à Paris et fondateur du Festival d'Avignon, fervent défenseur d'un théâtre populaire et non vulgaire, conçu comme une fête civique (Jarry recourt à la même expression) et non comme un divertissement de masse. Malgré des divergences théoriques indéniables (Vilar pense au peuple, Jarry s'adresse volontairement à une élite intellectuelle), Jean Vilar se laissa séduire par la créature de Jarry et conçut au TNP en mars 1958 un spectacle intitulé *Ubu*, montage d'extraits d'*Ubu roi* et d'*Ubu enchaîné* liés par des passages d'*Ubu sur la butte*, avec Georges Wilson dans le rôle titre et Rosy Varte dans celui de la Mère Ubu. Certaines conceptions dramaturgiques de Jean Vilar rejoignaient celles de Jarry : synthèse et dépouillement dans les décors et les costumes. La création de Jean Vilar remporta un immense succès et contribua largement à donner au gros bonhomme une stature mythique en le faisant connaître du grand public. Signalons quelques choix scéniques intéressants : Vilar conseillait aux acteurs de se faire nains (en se courbant) devant Ubu, afin de faire éclater le gigantisme écrasant du personnage principal. Le décor stylisé et les costumes respectaient les indications de Jarry, en évitant tout réalisme historique ou social (les cavaliers sont vêtus de chevaux-jupons). L'accueil est globalement très favorable, même si certains critiques ont reproché à Vilar d'avoir embourgeoisé la pièce de Jarry en poussant les effets comiques faciles sans effort majeur d'invention. Il reste que la mise en scène de Vilar, précise et rigoureuse, fait véritablement entrer les tribulations d'Ubu dans le répertoire du théâtre contemporain.

■ La mise en scène de Michael Meschke (1964)

Signalons rapidement la version d'*Ubu roi* que proposa Michael Meschke au public suédois en 1964, spectacle qui obtint le premier prix au Festival international de Bucarest en 1965. La critique s'accorde à y voir une mise en scène particulièrement conforme à l'esprit de la pièce : il n'y a qu'un seul acteur de chair, pour jouer Ubu, au milieu de marionnettes et de pantins. Des manipulateurs animent les grosses marionnettes de la Mère Ubu et de Bordure, mi-rat, mi-machine. Tous les autres personnages sont des silhouettes de papier mâché. L'acteur jouant Ubu est maquillé en blanc et ressemble à un clown. Les costumes sont fidèles aux indications de Jarry, tandis que l'éclairage est utilisé pour créer des jeux d'optique avec la profondeur de champ, un personnage pouvant sembler minuscule ou gigantesque. Le point le plus audacieux et le plus efficace semble bien être le mélange sur scène de marionnettes et d'un acteur, habile résolution du problème posé par *Ubu roi* (faut-il considérer que la pièce a été créée pour le Guignol, comme au Théâtre des Phynances, ou pour des comédiens, comme au Théâtre de l'Œuvre ?). Ce mélange permet d'établir une stricte équivalence entre êtres de chair et marionnettes, dans un esprit conforme au sens de la pièce.

■ La mise en scène de Peter Brook (1977)

Parmi les mises en scène qui ont fait date, citons le spectacle de Peter Brook, *Ubu aux Bouffes*, présenté au théâtre des Bouffes-du-Nord à Paris en 1977. Il s'agit d'une création reprenant *Ubu roi* dans une première partie et *Ubu enchaîné* dans une seconde partie.

Pour Peter Brook, le théâtre populaire doit être un théâtre « brut » (par opposition au théâtre de style) et se caractériser par sa précarité, son incohérence, son extrême dénuement. Peter Brook trouve avec l'œuvre de Jarry une matière particulièrement riche pour mettre en œuvre ces conceptions. Il choisit de monter la pièce sans aucun décor, sans musique (exception faite de quelques percussions) et sans effets d'éclairage, puisque tout le spectacle est joué en pleins feux. Les comédiens, qui jouent à visage nu, sans maquillage, sont au nombre de neuf seulement pour interpréter la totalité des rôles des deux pièces, foules comprises (ce choix est conforme aux indications de Jarry). Les costumes sont en fait des vêtements usagés provenant de la vie quotidienne (un bonnet de laine fait office de couronne royale).

C'est dans l'utilisation des objets et des accessoires que le travail de Brook est le plus intéressant : contrairement au code théâtral habituel, la trappe de théâtre n'est pas déguisée, mais ostensiblement montrée comme un pur objet de théâtre, ce qui va dans le sens du refus de l'illusionnisme prôné par Jarry. La trappe est utilisée bien sûr dans la scène des nobles, mais aussi pour figurer la prison, la pierre tombale dans la crypte et la gueule de l'Ours. Avec une malice insolite, Brook détourne des objets du quotidien (des bobines, des briques, des bâtons, etc.) pour les insérer dans le spectacle en les faisant changer sans cesse de fonction. Par exemple, les briques figurent les plats dans la scène du festin, mais constituent aussi, jetées les unes après les autres devant Bougrelas, le chemin escarpé que le jeune garçon doit franchir avec sa mère. Ubu se juche sur une brique lorsqu'il prétend se réfugier sur une hauteur. Ce décalage entre l'objet et la fonction qu'il est censé remplir est une source puissante d'effets comiques.

Toutefois, malgré les trouvailles de mise en scène, on peut ne pas partager l'interprétation de Brook, qui pousse la pièce de Jarry vers l'excès de quotidienneté et de bassesse. Le jeu des acteurs, rapide et parfois expéditif, accentue le sentiment d'une farce sinistre mettant en scène des personnages triviaux. La pièce est entièrement vidée de sa substance mythique et perd de son « hénaurmité » monstrueuse.

4 - EN AVAL D'*UBU ROI*

Une pièce aussi révolutionnaire qu'*Ubu roi* ne pouvait pas rester lettre morte : l'influence de Jarry est en effet considérable et nous nous bornerons ici à souligner les prolongements les plus importants de son œuvre dans la littérature du XXe siècle.

■ Les « enfants » d'Ubu

Nous nous proposons de passer en revue certaines pièces dont la critique s'accorde à dire qu'elles descendent en droite ligne d'*Ubu roi*.

La première création inspirée directement du modèle jarryque est *Le Roi Bombance* (1905), une pièce de Filippo Tommaso Marinetti (1876-1944), auteur italien initiateur du mouvement futuriste, qui vécut toujours proche des avant-gardes françaises, passa de longues années à Paris et écrivit plusieurs de ses œuvres en français. *Le Roi Bombance*, représenté au Théâtre de l'Œuvre en 1909, constitue une sorte d'amplification d'*Ubu roi*, dont Marinetti retient surtout la scène du festin, développant à satiété la thématique du cycle biologique. La réaction de Jarry fut très favorable, et il envoya des lettres élogieuses et encourageantes à son « disciple » italien. Toutefois, la pièce de Marinetti réactive les structures symbolistes qu'*Ubu roi* avait évacuées avec fracas, et l'on peut reprocher au *Roi Bombance* son caractère trop explicitement allégorique (et univoque dans le symbole, là où la pièce de Jarry est polysémique) : le Roi Bombance représente la monarchie, le Père Bedaine l'Église, Sainte Pourriture la philosophie et l'Idiot le poète, qui finira par se suicider. On a déjà vu que toute réduction d'*Ubu roi* à une dimension unique constitue un affaiblissement de la pièce de Jarry. À l'évidence, *Le Roi Bombance* va donc beaucoup moins loin dans la provocation que son modèle.

Citons ensuite une tragédie d'Antonin Artaud (1896-1948), *Les Cenci*, montée au théâtre des Folies-Wagram en 1935, dont le personnage principal, le Comte Cenci, incarne les pulsions les plus basses et les plus instinctives, poussant l'ignominie jusqu'à l'inceste. Alors que Marinetti affaiblissait le propos de Jarry par un parti pris symboliste trop marqué, Artaud, théoricien du « théâtre de la cruauté », radicalise la noirceur d'Ubu à l'extrême, et fait de son personnage une incarnation de la haine, de l'agressivité, de toutes les pulsions de destruction (là où Ubu ne s'occupait que de sa gidouille).

En 1952, le dramaturge Jean Vauthier (1910-1992) compose le *Capitaine Bada*, une pièce où tout l'espace scénique est occupé par un personnage envahissant et mythique, Bada (dont le nom est un mixte de Dada et d'Ubu), cousin de la créature de Jarry. La gestuelle a chez Vauthier comme chez Jarry une importance capitale pour présenter un personnage monstrueux, violent et grotesque à la fois.

En novembre 1971, est montée à l'Odéon une pièce de Jean-Claude Grumberg, *Amorphe d'Ottenburg*, qui présente de nombreuses analogies avec l'*Ubu roi* de Jarry : la structure est identique (prise de pouvoir par un usurpateur ignoble qui sera chassé par un représentant de la légitimité susceptible d'être plus ignoble encore), les détails scénographiques qui permettraient de situer la pièce dans l'histoire sont bannis, de nombreux jeux de scène rappellent aux spectateurs la situation d'énonciation – ils sont au théâtre, et, non content de fuir le réalisme, Grumberg dénonce l'illusion dramatique –, le langage opposant archaïsme et grossièreté s'inscrit tout à fait dans la ligne d'*Ubu roi*.

Mentionnons un dernier avatar d'*Ubu roi*, le *Macbett* d'Eugène Ionesco, représenté au théâtre Rive-Gauche en 1972. Le titre clairement shakespearien ne doit pas faire perdre de vue que le modèle de *Macbeth* ne circule dans la pièce d'Ionesco que par la médiation de la parodie féroce et noire qu'en a donnée Jarry. *Macbett*, comme *Amorphe d'Ottenburg*, montre la face la plus sombre de l'humanité et du pouvoir, réduit les personnages à l'état de marionnettes et exacerbe les innovations dramaturgiques d'*Ubu roi* (pour éviter tout effet de réalisme et de vraisemblance, Ionesco joue sur les lumières, les sons et les décors, de manière à ce qu'ils soient constamment en porte-à-faux et créent contrastes et ruptures incongrus).

■ L'influence de Jarry

Sans entrer dans le détail, nous indiquerons quelques pistes de réflexion sur l'influence décisive que Jarry a pu avoir sur la littérature contemporaine.

D'Apollinaire aux surréalistes

Jarry contribua à favoriser les débuts littéraires de son ami Guillaume Apollinaire, dont la pièce intitulée *Les Mamelles de Tirésias* (1903) reflète les conceptions dramaturgiques de Jarry. Au-delà du *Roi Bombance* de Marinetti, le futurisme italien emprunte beaucoup à Jarry pour sa force de provocation, de dérision et de scandale, et l'on retrouve des traces de l'article *De l'inutilité du théâtre au théâtre* dans de nombreux manifestes futuristes.

Le mouvement Dada se laissa également séduire par Ubu et son « père », auquel Tristan Tzara, chef de file du dadaïsme, a rendu fréquemment hommage.

Le surréalisme aussi est redevable à Jarry, qui a introduit l'humour et la surprise au théâtre (on désigne par « théâtre de la surprise » le mouvement lancé notamment par Apollinaire et Boris Vian). André Breton a classé Jarry parmi les précurseurs du surréalisme, et le peintre Max Ernst (1891-1976), en le représentant sous la forme d'une toupie, a rendu hommage à la circularité parfaite d'Ubu.

Le théâtre de l'absurde

Mais surtout, à bien des égards, Ubu peut être considéré comme l'ancêtre des fantoches qui peuplent ce qu'il est convenu d'appeler le théâtre de l'absurde, illustré en premier lieu par Samuel Beckett (1906-1989), auteur notamment de *En attendant Godot, Fin de partie, Oh ! les beaux jours*, et Eugène Ionesco (1912-1994), auteur entre autres de *La Cantatrice chauve, Les Chaises, Rhinocéros, Le roi se meurt*. Le théâtre de l'absurde, né dans les années 1950, bouleverse les conventions dramatiques pour mettre à nu le caractère tragique et dérisoire de la condition humaine. *La Cantatrice chauve* de Ionesco, représentée en 1950, ne remporta pas un vif succès sur l'instant. Mais le triomphe de *En attendant Godot* de Beckett (1953) permit au théâtre de l'absurde de trouver un public et rejaillit sur les auteurs dramatiques français et étrangers proches de Ionesco et Beckett (Arthur Adamov, Günter Grass, Fernando Arrabal, Harold Pinter). Le travail le plus caractéristique de ces auteurs vise le discours rationnel et le langage en général (les propos incohérents et les phrases mécaniques s'y multiplient, ainsi que les jeux de mots volontairement calamiteux reposant sur des équivoques entre le sens propre et le sens figuré).

Du point de vue de la dramaturgie, Jarry a légué à ces auteurs son goût pour la marionnette, qui donne un sens radicalement différent au rôle de l'acteur. Les personnages de *Fin de partie* par exemple sont prisonniers de poubelles, pitoyables pantins limités dans leur liberté de mouvement. De plus, le refus de tout réalisme, le rappel constant que le spectateur est bel et bien au théâtre (rappel qui s'opère par la fréquence des silences entre les répliques, permettant de donner du poids au temps qui s'écoule, ou par l'utilisation d'accessoires incongrus) remontent sans nul doute à l'effort opéré par Jarry pour « rethéâtraliser » le théâtre. Alain Robbe-Grillet, dans un article intitulé « Samuel Beckett ou la présence sur scène », a décrit le décor de *En attendant Godot* de telle sorte qu'il est impossible de ne pas songer à la Pologne d'*Ubu roi* :

> « Le décor ne représente rien, ou à peu près. Une route ? Disons, d'une façon plus générale : dehors. La seule précision notable est constituée par un arbre, chétif, à peine un arbuste, et sans la moindre feuille ; disons : un squelette d'arbuste. »

Jarry a également transmis ce comique particulier dont nous avons parlé, qui permet de rire, avec un grincement, des choses les plus sordides : « Rien n'est plus drôle que le malheur », dit Nell, l'un des personnages de *Fin de partie*. Les pièces de Beckett et de Ionesco mettent en scène des fantoches (par exemple le couple Smith dans *La Cantatrice chauve*), des antihéros révélant l'âme humaine dans ce qu'elle a de plus vil, de manière à présenter au public, comme l'a fait Jarry avec Ubu, son « double ignoble ». Les œuvres de Beckett et Ionesco offrent une vision particulièrement noire de la condition humaine, où tout n'est qu'englument, marche vers la mort *(Le roi se meurt)*, rapports absurdes de domination et d'esclavage entre des êtres lamentables (par exemple Lucky et Pozzo dans *En attendant Godot*) qui sont même incapables de se suicider. Quant à l'humour, chez Beckett comme chez Ionesco, il repose bien souvent sur le retour à la littéralité et au sens propre des expressions figurées, processus que nous avons déjà vu à l'œuvre dans *Ubu roi*. Enfin, le théâtre de l'absurde, qui refuse les liens logiques et les effets de réalisme, radicalise la polysémie qui faisait la force de la création jarryque : le spectateur est sommé de choisir entre les différents « sens » possibles de la pièce.

5

ANNEXES

1 - JUGEMENTS CRITIQUES

Nous présentons ici, de manière chronologique, quelques jugements critiques parmi les plus significatifs.

La première représentation d'*Ubu roi* laisse le sentiment d'une vaste mystification, partagé par des esprits aussi différents que l'écrivain réaliste Jules Renard et le journaliste Henri Baüer, pourtant favorable aux avant-gardes :

> « Si Jarry n'écrit pas demain qu'il s'est moqué de nous, il ne s'en remettra pas. »

(Jules Renard, *Journal*, 10 décembre 1896)

> « Comment certains spectateurs ne comprenaient-ils pas qu'A. Jarry se moquait de lui et de nous ? »

(Henri Baüer, *L'Écho de Paris*, 12 décembre 1896)

Le journaliste conservateur Henri Fouquier, qui a détesté *Ubu roi*, farce « ennuyeuse à périr » et « malpropre à souhait », se réjouit de l'accueil houleux que le public a réservé à la pièce, car il y voit le signe d'un ras-le-bol plus général pour les audaces des théâtres à-côté, et il compare les avant-gardes littéraires à Ubu lui-même :

> « Vide d'idées, mais gonflé, – tel l'Ubu ventru –, ce despote des esprits [la littérature avant-gardiste] avait eu cette illumination de génie de comprendre qu'on peut se faire un empire en comptant sur la bêtise humaine. Il suffit de persuader à un troupeau d'imbéciles que tout ce qui est neuf ou réputé tel est supérieur, que tout ce qui est grossier est fort, que tout ce qui est obscur est profond, et que quiconque ne l'entend pas ainsi est un sot et un arriéré pour que le troupeau obéisse, suive et acclame. »
>
> (Henri Fouquier, article paru dans *Le Figaro*, 11 décembre 1896)

En revanche, dès 1896, quelques esprits clairvoyants prennent la défense d'*Ubu* et en donnent une interprétation perspicace, comme Catulle Mendès :

> « Le Père Ubu existe.
>
> Fait de Pulcinella et de Polichinelle, de Punch et de Karagueus, de Mayeux et de M. Joseph Prud'homme, de Robert Macaire et de M. Thiers, du catholique Torquemada, et du juif Deutz, d'un agent de la sûreté et de l'anarchiste Vaillant, énorme parodie malpropre de Macbeth, de Napoléon et d'un souteneur devenu roi, il existe désormais, inoubliable. Vous ne vous débarrasserez pas de lui ; il vous hantera, vous obligera sans trêve à vous souvenir qu'il fut, qu'il est ; il deviendra une légende populaire des instincts vils, affamés et immondes ; et M. Jarry, que j'espère destiné à de plus délicates gloires, aura créé un masque infâme. »
>
> (Catulle Mendès, article paru dans *Le Journal*, 11 décembre 1896)

Les avant-gardes littéraires des années 1920 remettent Jarry à l'honneur. Le dramaturge Julien Torma (figure énigmatique du théâtre français) célèbre la provocation réussie d'*Ubu roi* :

> « Ceux qui ne le trouvent pas drôle ont raison. Ses traits d'esprit sont faibles, son humour forcé, et même, au second degré, quand il se fout visiblement du public, son prétendu comique est lugubre. D'où son relatif insuccès, qui est d'ailleurs pour lui une victoire, la seule. Insuccès qui se mue en échec (ou victoire qui devient triomphale) si l'on considère ses supporters eux-mêmes et leurs contre-sens savoureux quand ils se croient obligés de rire, ou, — contre-sens encore plus délectable, quand ils rient spontanément. Ah ! il les a eus, tous. »

(Julien Torma, *Euphorismes*, 1926)

Le critique Albert Thibaudet tient à donner à Jarry la place fondamentale qui lui revient dans l'histoire de la littérature française :

> « Il n'est pas tout à fait exact que Jarry ait été le fondateur de ce que Rachilde appelle l'"École des démons de l'absurde". Ils sont au moins trois, dont Jarry vient le dernier dans le temps, Lautréamont, Rimbaud et Jarry. Les deux premiers devaient passer comme des comètes. Jarry seul, avait l'étoffe d'un homme de lettres complet, varié, permanent. Si l'alcool ne l'avait pas tué, il serait aujourd'hui un maître célèbre et bien plus encore qu'un Douanier Rousseau de la littérature. »

(Albert Thibaudet, article paru dans
la *Nouvelle Revue française*, 1er juin 1928)

Le metteur en scène Jean Vilar explique les raisons qui l'ont poussé à monter Ubu roi et souligne la perfection théâtrale du personnage créé par Jarry :

> « Ubu n'a pas de cœur, pas d'esprit, mais quelle gidouille ! Et il a le courage de sa gidouille qui n'est pas commode à porter… Une créature qui est totalement ce qu'elle est, cela est loin d'être banal. Ubu est Ubu sans faille. Admirablement. »
>
> (Jean Vilar, « On n'en aura jamais fini avec Ubu », *Bref*, n° 14, mars 1958)

Stimulée par la naissance du théâtre de l'absurde, la critique des années 1960 connaît un regain d'intérêt pour *Ubu roi* et met l'accent sur la révolution dramaturgique opérée par Jarry :

> « Qu'on lui attribue le sens qu'on voudra, *Ubu roi* de Jarry, c'est du théâtre pur, synthétique, poussant jusqu'au scandale l'usage avoué de la convention, créant, en marge du réel, une réalité avec des signes. »
>
> (Henri Ghéon, *Dramaturgie d'hier et de demain*, 1963)

> « Jarry l'iconoclaste, l'inventeur de monstres, […] rêvait de tuer le théâtre dans et par le théâtre. »
>
> (Geneviève Serreau, *Histoire du « nouveau théâtre »*, Paris, Gallimard, 1966)

Certains commentateurs mettent en lumière la dimension mythique d'Ubu, qui s'impose au point d'écraser et d'étouffer son créateur :

> « Jarry put bien publier d'aussi admirables pages que celles de *Les Jours et les Nuits, L'Amour absolu, Le Surmâle, Messaline, La Dragonne*, pour tous et pour le dictionnaire il reste l'auteur d'*Ubu roi*, il est Ubu. C'est de cette date que naît une légende, qu'Ubu devient un mythe vivant, et Jarry un mort en sursis dont il est miraculeux que, vraiment mort, on ne l'ait pas mis en bière avec sa marionnette dans les bras. »

« Ubu c'est ce personnage lâché sur une scène de théâtre parce qu'il a été imaginé pour elle, rebâtissant le théâtre à son goût et selon sa souveraine décision, parce qu'il n'est que théâtre, étant tout le théâtre. »

(Noël Arnaud et Henri Bordillon, préface à *Ubu*, Paris, Gallimard, coll. « Folio », 1978.)

2 - QU'EST-CE QUE LA PATAPHYSIQUE ?

Jarry, dès 1893 dans un texte intitulé *Guignol*, présente Ubu comme l'inventeur de la Pataphysique, et le gros bonhomme ne cessera de se vanter de ses connaissances en la matière : dans *Ubu cocu*, il fait irruption chez Achras en se faisant annoncer comme docteur en Pataphysique et en avertissant le malheureux vieillard que sa maison devrait être honorée de recevoir « un grand pataphysicien », et répond à l'étonnement du collectionneur : « La Pataphysique est une science que nous avons inventée et dont le besoin se faisait généralement sentir » (acte I).

De manière plus générale, la Pataphysique revient avec insistance dans les écrits de Jarry, et surtout dans les *Gestes et opinions du docteur Faustroll, pataphysicien*, dont le livre II s'intitule « Éléments de Pataphysique ». 'Pataphysique doit en toute rigueur s'écrire avec un apostrophe qui rappelle son étymologie grecque, ἐπὶ μετὰ τὰ φυσικά, c'est-à-dire « en plus de la métaphysique » (l'allusion à la philosophie aristotélicienne est transparente). Jarry la définit comme « la science de ce qui se surajoute à la métaphysique, soit en elle-même, soit en dehors d'elle-même, s'étendant aussi loin au-delà de celle-ci que celle-ci au-delà de la physique. Exemple : l'épiphénomène étant souvent l'accident, la Pataphysique sera surtout la science du particulier, quoiqu'on dise qu'il n'y a de science que de général. Elle étudiera les lois qui régissent les exceptions...

Définition : la Pataphysique est la science des solutions imaginaires qui accorde symboliquement aux linéaments les propriétés des objets décrits par leur virtualité. » Bien sûr, il entre dans cette définition, comme toujours chez Jarry, une part de mystification et de jeu littéraires.

La Pataphysique provient selon toute vraisemblance de « pâte-à-physique » ou de « bât'à-physique » (le fameux bâton du Père Hébert qui devient dans l'œuvre de Jarry la conciliation du signe Moins et du signe Plus, la Pataphysique pouvant aussi se définir comme la théorie de l'équivalence universelle des contraires). Quoi qu'il en soit, la Pataphysique est bien cette science de l'épiphénomène qui inverse la logique scientifique, puisqu'elle ne s'intéresse qu'aux exceptions, là où la science étudie le général. La Pataphysique décrit un univers que l'on peut voir (que l'on doit voir ?) à la place de l'univers traditionnel. Par exemple, dans une perspective pataphysique, il est vrai de dire qu'une montre est une figure rectangulaire presque plate, puisque telle nous la voyons de profil.

Signalons la création du Collège de 'Pataphysique en 1948 (22 Palotin 75 de l'ère pataphysique, qui commence le jour de la naissance de Jarry). Parmi les célèbres pataphysiciens (ou patacesseurs), on peut citer les écrivains Raymond Queneau, Boris Vian, Jacques Prévert, Eugène Ionesco, Michel Leiris, les peintres Max Ernst et Joan Miró et le cinéaste René Clair, mais le Collège a aussi compté des mathématiciens, des historiens, des explorateurs, des critiques, etc. La revue *Les Cahiers du Collège de 'Pataphysique* (puis les *Dossiers*, et enfin les *Subsidia Pataphysica*) recueille des articles sur Alfred Jarry et son œuvre, et ses auteurs se portent garants d'une Pataphysique dûment perpétuée.

3 - LEXIQUES

■ Lexique général

Absurde : courant de pensée qui reflète, sur un mode tragique ou burlesque, la prise de conscience de l'absurdité du monde et de la condition humaine. La littérature de l'absurde puise dans l'existentialisme (Sartre, Camus) pour trouver son dévéloppement le plus marqué dans le théâtre d'Eugène Ionesco, Harold Pinter et Samuel Beckett.

Aparté : propos tenus par un personnage qui, selon les conventions théâtrales, sont entendus par les spectateurs, mais non par les autres personnages.

Dadaïsme : le mouvement dada, constitué en 1916 par un groupe d'artistes et d'écrivains (Tristan Tzara, Francis Picabia, Man Ray), se révolte contre l'absurdité de l'époque et cherche à renouveler les modes d'expression traditionnels. Le surréalisme s'inscrit dans le droit fil du dadaïsme.

Didascalie : indication, portée sur le texte de la pièce, fournissant des informations sur le ton que doit adopter l'acteur, sur les déplacements des personnages, sur la lumière, l'espace scénique, l'utilisation des accessoires, etc.

Paronomase : figure de style qui consiste à rapprocher des paronymes dans une phrase ou une expression. Les séries d'insultes du Père Ubu jouent souvent sur la paronomase et l'homéotéleute, c'est-à-dire le retour de finales semblables (ex. : calard / cafard, capon / cochon).

Pléonasme : répétition de mots ayant le même sens. Le Père Ubu est coutumier du fait (fantassins à pied, se dépêcher vite, etc.).

Potache : terme familier désignant les collégiens et lycéens (l'étymologie est obscure). Sous-entend généralement la tendance au canular et à la parodie. Si *Ubu roi* peut être définie comme une pièce potachique, c'est non seulement parce qu'il s'agit d'une création collective de lycéens, mais aussi parce que les thèmes propres à la culture des élèves de la IIIe République (parodie des classiques, goût pour les jeux de mots scabreux, dérision des institutions, etc.) y sont omniprésents.

Scatologique : se dit des plaisanteries et de la littérature relatives aux excréments.

Symbolisme : mouvement littéraire et artistique apparu dans les années 1880 (le *Manifeste* de Jean Moréas date de 1886) en réaction contre le réalisme et le naturalisme. Le symbolisme s'attache à rendre le mystère et l'essence spirituelle du monde, préférant pour cela suggérer plutôt que décrire. Dans le monde des lettres, les noms de Verlaine, Mallarmé et Maeterlinck restent liés au symbolisme, et, dans le domaine des arts français, il faut mentionner Gustave Moreau, Odilon Redon et Puvis de Chavanne (on retiendra aussi George Frederic Watts et Burne-Jones en Angleterre, Gustav Klimt en Autriche).

Théâtre à-côté : on désigne par cette expression, à la Belle Époque, les théâtres d'avant-garde, tel le Théâtre de l'Œuvre où fut représenté *Ubu roi*.

■ Lexique ubuesque

Bâton-à-physique : c'est l'un des attributs les plus importants du Père Ubu. Il s'agit sans doute d'un lointain souvenir de la règle dont se servait le professeur Hébert en cours de physique. L'objet acquiert dans *Ubu roi* la valeur symbolique d'un instrument de pouvoir. Rien n'interdit d'y voir aussi un objet phallique.

Boudouille (ou bedouille) : synonyme de gidouille, bouzine et giborgne, la boudouille désigne le ventre du Père Ubu, siège de tous les appétits les plus bas. La bouzine fait allègrement office de conscience, d'âme et de cœur.

Bouffre (fém. bouffresque) : l'une des insultes préférées du Père Ubu. Déformation de « bougre », avec contamination par la « bouffe ».

Bouzine : voir boudouille, giborgne et gidouille. Bouzine est un emprunt à Rabelais.

Giborgne : voir boudouille, bouzine et gidouille.

Gidouille : voir boudouille, bouzine et giborgne.

« **De par ma chandelle verte** » **:** l'un des jurons préférés du Père Ubu. On en ignore l'étymologie. D'aucuns pensent que l'expression renverrait bel et bien à la teinte verdâtre que prenaient les vieilles chandelles à la fin du siècle, et permettrait une allusion phallique cryptée.

Merdre : mot inaugural de la pièce, c'est le terme qu'affectionne le plus le Père Ubu, qui l'use comme exclamatif (« Merdre ! ») et comme complément d'expressions plus ou moins affectueuses (« garçon de ma merdre »). La Mère Ubu cuisine assez bien la merdre. C'est vraiment le mot clé de la pièce : par sa déformation, il renvoie au caractère monstrueux de toute la langue ubuesque, et par son signifiant aisément identifiable sous le masque, il rappelle la récurrence obsessionnelle de la thématique scatologique.

Oneilles : « oreilles » en langue ubuesque.

Palotins : fidèles serviteurs (Giron, Pile, Cotice) d'Ubu devenu roi, ils peuvent défendre leur maître grâce à leur coup-de-poing explosif.

Phynance : déformation potachique de « finance ». La phynance est l'élément prédominant du règne d'Ubu, et le complément de nombreux accessoires royaux (sabre-à-phynances, cheval-à-phynances, etc.).

Rastron : animal (?) mal identifié, dont les côtes sont prisées par les époux Ubu.

4 - BIBLIOGRAPHIE

■ Œuvres de Jarry

JARRY Alfred, *Ubu*, édition établie par Noël Arnaud et Henri Bordillon, Paris, Folio classique, 1997.

JARRY Alfred, *Tout Ubu*, édition établie par Maurice Saillet, Paris, Le Livre de poche, 1962.

JARRY Alfred, *Œuvres complètes*, édition établie par Michel Arrivé (tome I) et Henri Bordillon (tomes II et III), Paris, Gallimard, La Pléiade, 1972-1988.

■ Études critiques

ARNAUD Noël, *Alfred Jarry, d'« Ubu roi » au « Docteur Faustroll »*, Paris, La Table Ronde, 1974. C'est la biographie de référence, particulièrement riche et complète.

ARRIVÉ Michel, *Lire Jarry*, Paris, Éditions Complexe, 1976. Il s'agit d'une étude de l'œuvre de Jarry dans une perspective linguistique et sémiotique. Une lecture très intéressante, mais nettement plus difficile et spécialisée que les autres titres que nous proposons.

BÉHAR Henri, *Jarry dramaturge*, Paris, Publications de la Sorbonne, 1980. Un ouvrage passionnant qui dresse le bilan du théâtre de Jarry (conceptions théoriques, pratique de la mise en scène, influence sur le théâtre contemporain) et contient quelques analyses particulièrement éclairantes d'*Ubu roi*.

Béhar Henri, *Les Cultures de Jarry*, Paris, P.U.F., 1988. Henri Béhar passe en revue toutes les influences, littéraires et non littéraires, que Jarry a subies et qui permettent, une fois décryptées, de mieux comprendre son œuvre.

Besnier Patrick, *Alfred Jarry*, Paris, Plon, 1990. Un ouvrage récent et très clair, qui retrace l'œuvre de Jarry de façon originale et précise. Très accessible.

Caradec François, *À la recherche d'Alfred Jarry*, Paris, Seghers, 1974. François Caradec reconstruit l'itinéraire intellectuel de Jarry, sans jamais distinguer biographie et création littéraire. Un ouvrage à la fois méthodique et ludique.

Damerval Gérard, « *Ubu roi* ». *La bombe comique de 1896*, Paris, Nizet, 1984. Un tableau complet des procédés comiques mis en œuvre dans *Ubu roi*, précédé de rappels sur le contexte historique et artistique.

Signalons deux ouvrages généraux sur le théâtre qui peuvent fournir de précieux renseignements historiques et méthodologiques :

David Martine, *Le Théâtre*, Paris, Belin, collection « Sujets », 1995.

Hubert Marie-Claude, *Le Théâtre*, Paris, Armand Colin, 1995.